Gottfried Theodor Stichling

Die Mutter der Ernestiner

Ein Lebensbild von der Grenzscheide des sechzehnten und siebzehnten Jahrhunderts

.

Gottfried Theodor Stichling

Die Mutter der Ernestiner
Ein Lebensbild von der Grenzscheide des sechzehnten und siebzehnten Jahrhunderts

ISBN/EAN: 9783743481527

Hergestellt in Europa, USA, Kanada, Australien, Japan

Cover: Foto ©ninafisch / pixelio.de

Manufactured and distributed by brebook publishing software (www.brebook.com)

Gottfried Theodor Stichling

Die Mutter der Ernestiner

Die
Mutter der Ernestiner.

Ein Lebensbild von der Grenzscheide des sechzehnten
und siebzehnten Jahrhunderts

von

D. Gottfried Theodor Stichling.

Mit einem Bildniß.

Weimar
Hermann Böhlau
1860.

Weimar. — Hof-Buchdruckerei.

Dem

kulturgeschichtlichen Vereine zu Weimar.

Vorwort.

Zagend übergebe ich, in Folge mehrseitiger Aufforderung, der Oeffentlichkeit eine Arbeit, welche zunächst
nur für den engen Kreis des kulturgeschichtlichen
Vereins zu Weimar bestimmt war, — zagend aus
zwiefachem Grunde. Theils nämlich habe ich, je
tiefer ich in diese Arbeit fast unwillkürlich gezogen
ward, umso lebhafter empfunden, wieviel Nachsicht
derjenige in Anspruch zu nehmen hat, welcher derar-
tiges nur in karg bemessenen Mußestunden, nicht auf
der breiten und sicheren Basis eines zur ausschließlichen Lebensaufgabe gewordenen umfassenden Ge-
schichtsstudiums, unternimmt. Theils muß ich fürchten, daß die gewählte Darstellungsart nicht überall
in ihren Motiven erkannt werden und selbst da, wo
Letzteres der Fall, nicht überall behagen wird. Darum hierüber noch ein Wort.

Die vorliegende Arbeit hatte, wie erwähnt, einen vorzugsweise kulturgeschichtlichen Zweck. Sie sollte
neben den Sinnesäußerungen, Handlungen und Schick-
salen, welche den Lebensinhalt der Herzogin Dorothea Maria bildeten, zugleich auch — soweit dies der
Zusammenhang des Ganzen mit sich brachte — die
Sitten, Anschauungen, Lebensweise und Lebensver-
hältnisse jener Zeit möglichst treu und unmittelbar

abspiegeln. Zu solchem Zwecke aber mußte ich auch in die kleinen Züge des damaligen Lebens eingehen, ja, sollte letzteres möglichst unmittelbar an den Leser herantreten, so schien es mir, als müsse sich der Geist der Zeit auch in der Sprache der Zeit äußern dür= fen, die ja umfassender und treuer charakterisirt als alle Beschreibung. Aus diesem Grunde hab' ich die Personen und Thatsachen öfter, als dies sonst üb= lich, mit ihren eigenen Worten reden lassen, selbst auf die Gefahr hin, daß die oftmals breite Sprache jener Zeit manchen Leser abschrecken werde.

Die archivalischen Sammlungen, auf deren Quel= len diese Arbeit fast ausschließlich sich stützt, sind die zu Weimar, Gotha, Dessau, Köthen und Darmstadt und ist es mir eine angenehme Pflicht, für die hier= bei von allen Seiten mir zu Theil gewordene för= dernde Bereitwilligkeit meinen wärmsten Dank an die= ser Stelle auszusprechen.

Und hiermit trete denn die kleine Schrift in die Welt hinaus und wenn sie auch dort als das er= scheint, als was das Titelblatt sie ankündigt, als ein, zwar engbegrenztes, aber treues Lebensbild aus alter Zeit, so ist die Aufgabe, die sie sich gestellt, erfüllt.

Weimar am 17. September 1860.

D. G. Th. Stichling.

Inhaltsverzeichniß.

In der Stadtkirche zu Weimar, in der Nähe des
Altars, sehen wir aus thüringischem Marmor in
Lebensgröße gebildet ein betendes Elternpaar, mit
eilf Söhnen und einer Tochter. Das sind die näch=
sten Stammeltern aller jetzt noch blühenden Zweige
des Ernestinischen Hauses Sachsen mit ihren Kindern.
Ehrwürdige, ruhmreiche Erinnerungen knüpfen sich an
diesen Familienkreis, der an Geist und Kraft und
Muth wie an Einfalt und Frömmigkeit reich in sel=
tenem Maaße war. Der betende Vater ist der Her=
zog Johann zu Sachsen, der Enkel jenes unglück=
lichen Johann Friedrich, der auf der Lochauer Haide
seinen Glaubenseifer mit dem Verlust der Chur
büßte, ein Sohn des zweiten Sohnes Johann
Friedrichs, des Herzogs Johann Wilhelm zu Sach=
sen, der, nachdem sein älterer Bruder, Johann
Friedrich der Mittlere, Herrschaft, Lebensglück, ja
die Freiheit selbst im vergeblichen Ringen nach Wie=
dererlangung der verlorenen Größe seines Hauses
eingebüßt hatte, mit den Nachkommen desselben,

1

Johann Ernst in Eisenach und Johann Kasimir
in Koburg, nach deren Restitution in den väterlichen Besitz die Erneſtiniſchen Lande dergeſtalt theilte,
daß er die Weimar = Jena = Altenburgiſchen Gebiets-
theile und dazu vom Kaiſer für den Fall einer
Sukzeſſion in die Chur Sachſen für ſich und ſeine
Nachkommen den Vorzug vor dem Stamme ſeines
geächteten älteren Bruders erhielt. Johann Wil=
helm hinterließ dieſen ſeinen Länderbeſitz zwei unmündigen Söhnen, Friedrich Wilhelm und Johann,
demſelben, den das Epitaphium darſtellt. Aber
Friedrich Wilhelm und ſeiner Nachkommenſchaft war
— ebenſo wie derjenigen Johann Friedrichs des
Mittleren zu Eiſenach und Koburg — vom Schickſal
beſtimmt, in nicht ferner Zeit zu verlöſchen; nur
Johann's Stamm ſollte das Geſchlecht der Erneſtiner
in kräftiger Blüthe fortpflanzen und manche der eilf
Söhne, die wir in der Stadtkirche zu Weimar an
ſeiner Seite ſehen, ſollten die Träger neuen Ruhmes
für das altehrwürdige Fürſtenhaus werden. Vier
dieſer Söhne zwar, Johann Wilhelm (geboren den
6. April 1595), Johann (geboren den 31. März
1597), Wilhelm's Zwillingsbruder (geboren den 11.
April 1598) und Friedrich Wilhelm (geboren den 7.
Februar 1603), ſowie die einzige Tochter Johanna
(nach des Vaters Tode den 6. Auguſt 1604 geboren)
ſtarben ſchon im jugendlichen Alter, und Albrecht
(geboren den 27. Juli 1599) zum wenigſten nach
einer redlichen, aber nicht hervorragenden Wirkſam=

keit als Regent des Eisenach'schen Landestheils. Auch
an dunklem Schatten sollte es da nicht fehlen, wo so
viel Licht gegeben war: des jungen Johann Friedrich
(geb. den 19. September 1600) stürmisches Gemüths-
leben, Schicksal und Ende hat die Geschichte mit trü-
bem Schleier bedeckt. Aber Vier von den übrigen
glänzen unter den edelsten protestantischen Helden
des 30jährigen Krieges: an ihrer Spitze Johann
Ernst der Jüngere (geb. den 21. Februar 1594), der
überdies durch seltene Reinheit des Charakters und
kindliche Religiösität des Herzens wie durch Gedie-
genheit der Bildung und Schärfe des Urtheils wahrhaft hervorragt und wie in der Regierung seiner
Lande so in väterlichster Fürsorge für die von ihm
bevormundeten jüngern Brüder sich bewährte; daneben sein, von Kindheit an ihm auf das Innigste
verbundener, Bruder Friedrich (geb. 1596), der in
niederländischen Diensten schon im 26. Lebensjahre
bei Fleurus fiel; — Wilhelm (geb. den 11. April
1598), der Stammvater des jetzigen Weimarischen
Hauses, gleich den beiden erstgenannten abwechselnd
das ruhmreiche Schwert unter Friedrich v. d. Pfalz
und Gustav Adolph und das friedliche Scepter füh-
rend, und Bernhard (geb. den 6. August 1604), der
jüngste und der größte der vier Kriegshelden; Ernst
der Fromme endlich (geb. den 25. Dezember 1601),
der Stammvater des Gothaischen Gesammthauses,
ähnlich seinen Brüdern Johann Ernst und Wilhelm,
aber durch ausschließliche Beschränkung auf die Ziele

des Friedens in diesen intensiver als jene wirkend, gilt
als das Muster eines Regenten damaliger Zeit, der mit-
ten in den wilden Stürmen eines verheerenden und
verwildernden Krieges die zarten Keime der Bildung
und Gesittung mit frommer Liebe, Einsicht und Fe-
stigkeit pflegte und zu seltener Blüthe großzog.

Die Fürstin aber, die dem Herzog Johann diese
Fülle an reichbegabten Söhnen nicht nur gebar, sondern nach des Vaters frühzeitigem Tode auch die
Erziehung und Bildung derselben mit der ganzen
Tiefe mütterlicher Liebe, wie mit der Einsicht, Kraft
und Lebensklugheit eines männlichen Geistes so leitete, daß man die nachmalige Größe der Söhne zu
gutem Theile ihr zuschreiben muß, — die tieftrauernde,
zarte und leidende Witwe, die gleichwol durch die
schwierigsten äußeren Verwickelungen und Hemmnisse,
die ihr auf allen Schritten entgegentraten, mit klu-
ger, fester und muthiger Hand das Recht und Interesse ihrer Söhne und ihres Hauses zehn Jahre lang
vertrat, die ehrwürdige nächste Stammmutter der
vier Ernestinischen Fürstenhäuser, die heute noch
blühen, war Dorothea Maria von Anhalt, die
treffliche Mutter trefflicher Söhne.

Ihrem Andenken sind die nachfolgenden Blätter
gewidmet.

————————

I.

Ein Blick auf die Zeit.

Der, unter dem Namen des Augsburger Reli=
gionsfriedens bekannte, nächste Abschluß der deutschen
Reformationskämpfe war nicht geeignet, Deutschland
wahren inneren Frieden zu geben. Wohl war für's
Erste wenigstens eine Rechtsformel gefunden, auf
welche auch die von Rom abgefallenen deutschen Kir=
chenparteien die Berechtigung ihres Bestandes im
Reiche stützen konnten, und die auf Karl V. folgen=
den Kaiser Ferdinand, Maximilian II. und Rudolph
— alle weit entfernt von so umfassenden Herrschafts=
plänen wie die des erstgenannten Kaisers und zu=
gleich von den Türken beunruhigt — waren über=
dies theils, wie Ferdinand und Maximilian, aus To=
leranz, theils, wie Rudolph, aus Indolenz zu einer
fortgesetzten Vexation des jungen Protestantismus
von Haus aus nicht gestimmt. Und doch waren die
nächsten Jahrzehnte nach dem Augsburger Religions=
frieden eine unerquickliche Zeit, eine Zeit des Miß=
trauens und der Leidenschaftlichkeit, der gegenseitigen stil=
len und offenen Anfeindung und Befehdung der deut=
schen Reichsstände, eine Zeit so großer innerer Zer=

riſſenheit, daß letztere ſchließlich nur in einem ebenſo wüthenden als umfaſſenden inneren Kampfe auslaufen konnte. In der That war keine der verſchiedenen Religionsparteien durch den Augsburger Abſchluß von 1555 befriedigt und verſöhnt. Der Katholicismus meinte offenbar nur eine Pauſe zu machen, in welcher er ſich zu neuen Kämpfen Behufs der Wiedereroberung des verlorenen Terrains zuſammenzufaſſen, mit alten und neuen Waffen zu rüſten trachtete, und ein Blick auf das, was in gleicher Richtung in jener Zeit in außerdeutſchen Ländern vorging, mußte nothwendig die deutſchen Proteſtanten in ihrem Mißtrauen beſtärken. Dazu kamen, als Quellen trauriger Bedrückungen und fortgeſetzter Kämpfe, einerſeits die Beſtimmung des Augsburger Religionsfriedens ſelbſt, welche den Reichsſtänden zwar das jus reformandi, den Unterthanen aber bei Religionsbedrückung nur das Recht der Auswanderung gewährte, und andererſeits der vom römiſchen König zum Reichsgeſetz erhobene „geiſtliche Vorbehalt“, welcher zur Rettung des Fortbeſtands der katholiſchen Kirche in Deutſchland überhaupt freilich unentbehrlich war, indem er den geiſtlichen Reichsſtänden, die zur Augsburgiſchen Konfeſſion übertraten, jenes jus reformandi abſprach, ſie für abgeſetzt erklärte und ihren Länder-Beſitz an die katholiſche Kirche zurückzog, um ihnen den Anreiz zu benehmen, durch Uebertritt zum Proteſtantismus ihr geiſtliches Reichsland in ein erbliches Fürſtenthum zu verwandeln.

Lag in alledem Aufforderung für die protestan=
tischen Reichsstände und ihre gleichgläubigen Unterthanen genug, allen Dogmen=Streit unter den ver=
schiedenen protestantischen Religionspartheien selbst zu
verbannen und sich zu Einer großen kompakten pro=
testantischen Kirche zu vereinigen, so war dies doch zu
viel verlangt von einer Zeit, in welcher Luther's
Geist selbst, mit seiner Größe wie mit seinen Schwä=
chen, mit seiner Tiefe wie mit seiner Starrheit, noch
viel zu mächtig nachwirkte. Hatte doch Luther selbst,
seit den Gräueln des Bauernkrieges mehr und mehr
der alten Lehre sich wieder nähernd, Zwingli's flehend
dargereichte Versöhnungshand unerbittlich zurückge=
wiesen! So stritten auch nach seinem Tode die or=
thodoxen Lutheraner und die Philippisten, die Calvi=
nisten und die Anhänger Zwingli's mit steigender
Erbitterung und zogen auch die protestantischen Reichs=
stände in den Hader ihrer gelehrten Streitigkeiten
hinein, die in eine fast noch wüthendere gegenseitige
Verfolgungssucht ausarteten, als zwischen Protestan=
ten und Katholiken bestand.

Die sächsischen Lande waren, wie sie die Wiege
des aufgehenden Lutherthums gewesen, so jetzt auch
der hauptsächlichste Schauplatz dieser nachfolgenden
Entwickelungskämpfe.

Das Ernestinische Haus Sachsen, den unbeug=
samen Joh. Friedrich, den gebornen Churfürsten, an
der Spitze, war der strengen lutherischen Lehre treu
zugethan. Unbeirrt durch Melanchthon's Hinneigung

zu Calvin's vermittelnder Abendmahlslehre wie durch
seine Milderung der unbedingten Prädestinationslehre
Luther's vermöge der Zulassung auch des menschlichen
Willens als Ursache der Bekehrung (Synergismus),
hält dieses Haus fest an der unveränderten ursprüng-
lichen Augsburgischen Konfession. In solchem Sinne,
als eine Stätte und ein Hort solchen Lutherthums
wird die Universität Jena gegründet und der Theolog
Flacius, der um der durch Melanchthon in Wittenberg eingeführten calvinistischen Richtung willen sein
dortiges Lehramt aufgegeben, nach Jena berufen, um
von da den Kampf gegen den Cryptocalvinismus und
Synergismus zu führen, wozu sich ihm bald — den
Gründern wol unerwartet — in Jena selbst in Vic-
torin Strigel ein Gegner bietet. Nun beginnt daselbst ein leidenschaftliches theologisches Gezänke, an
welchem der Weimarische Hof selbst Theil nimmt, zuerst insofern, als er selbst eine Widerlegung der von
ihm als Ketzereien bezeichneten Abweichungen von
Luthers Lehre drucken und verbreiten läßt, bald aber,
wie der losgelassene Kampf unerwünschte Dimensionen annimmt, in einschreitender Richtung. Denn als
Flacius, durch solchen Schutz über Gebühr gesteigert,
sich ein lutherisches Inquisitionstribunal in Jena an-
maßt, wird den Bitten der Gegenpartei insofern nach-
gegeben, als eine förmliche Disputation zwischen Strigel und Flacius gestattet und, zur Verhütung der
Wiederkehr ähnlicher Anmaßungen Einzelner, ein
evangelisches Consistorium in Weimar errichtet und mit

dem ausschließlichen Rechte der Censur und des Bannes betraut wird. Nun wüthen Flacius und die Seinen gegen den Hof zu Weimar, appelliren an das Volk und fordern die Freiheit der Presse zurück. Die Antwort darauf ist ihre Verbannung aus Jena und die Besetzung ihrer Stellen in Wittenberg'ichem Sinne. Aber auch dieser Umschlag währt nicht lange: nach Joh. Friedrich's des Mittleren Aechtung und Gefangennehmung zu Gotha werden durch seinen Bruder und Nachfolger Johann Wilhelm die Flacianer Wigand, Heßhusius u. A. nach Jena zurückberufen und mit ihnen das orthodoxe Lutherthum daselbst wieder eingesetzt. Wieder nicht auf lange Dauer. Denn nach Johann Wilhelm's frühem Tode wird gegen seinen ausgesprochenen Willen während der Minderjährigkeit seiner Söhne, Friedrich Wilhelm und Johann, der Churfürst August zu Sachsen vormundschaftlicher Regent der Weimar-Jena-Altenburgschen Lande und die mächtige Partei, die an seinem Hofe zu Dresden dem Cryptocalvinismus Eingang zu verschaffen gewußt hatte, bestimmt diesen Fürst nun auch dazu, die orthodoxen Theologen zum zweiten Male (1573) aus Jena zu vertreiben. Aber hierbei bleibt Churfürst August nicht stehen: im ganzen Lande werden mit rücksichtslosem Despotismus die orthodoxen Geistlichen abgesetzt, vertrieben, weil er einer andern theologischen Ansicht ist, und ist dies Prinzip einmal für zulässig erkannt, so ist es auch eine ganz konsequente Folge, daß das arme Land auch den raschen Wandelungen der per-

sönlichen theologischen Ansichten seines Regenten folgen muß: nachdem er Verdacht geschöpft, daß man
ihn zum Calvinismus hinüberziehen wolle, beginnt
das nämliche Ausrottungswerk, aber in entgegengesetzter Richtung, von Neuem auf den Trümmern
manchen Familienglücks auch im Ernestinischen Lande.
Endlich, nachdem des Churfürsten religiöse Anschauungen einen gewissen Kreislauf vollendet haben, en-
digen sie damit, in den Hafen jener Koncordienformel
einzulaufen, die wesentlich auf seine Veranstaltung am
28. Mai 1577 vollendet wird und dazu dienen soll, die
Unterschiede in den Meinungen der verschiedenen evan-
gelischen Religionsparteien möglichst auszugleichen.

Die gefundene Formel übt aber den gehofften
Zauber nicht. In Chur-Sachsen selbst führt schon
unter August's Nachfolger, Christian I., dessen Canz-
ler Nic. Crell Melanchthon's freiere, dem Calvinismus mehr sich zuneigende theologische Richtung wieder ein und geht trotz des Mißfallens des Volks sogar soweit, den Exorcismus zu verbieten. Aber nun
sollte von Weimar aus sich in Chur-Sachsen das erneuern, was unter August in Ernestinischen Landen
geschehen war: Nach Christians I. frühem Tode (1591)
wird Herzog Friedrich Wilhelm zu Weimar vormundschaftlicher Administrator der Chur Sachsen, bringt
dort das orthodoxe Lutherthum wieder zur Herrschaft,
läßt Crell einziehen und nach zehnjähriger Haft zur
Freude des sächsischen Adels, der diesem Kanzler nicht
zugethan war, enthaupten.

Unter den Eindrücken und Einflüssen solch' einer
Zeit, während dieser leidenschaftlichen Religionszwiste,
in deren Interessen alles andere Leben im Wesent=
lichen aufging und von denen es selbstverständlich
einen ernsten, finsteren, strengen Charakter, aber auch
den Grundzug tiefer Religiosität und abgeschlossener In=
nerlichkeit annahm, wuchsen in der solchem Zeitgeiste
entsprechenden Stille in Weimar und Dresden Fried=
rich Wilhelm's jüngerer Bruder Johann und in Dessau
die Tochter eines gleichfalls dem strengen Luther=
thum anhangenden Fürsten dem Schicksal entgegen,
das beide für einander bestimmt hatte.

II

Ein Wittwer und eine Wittwe.

Dorothea Maria, am 2. Juli 1574 geboren, war eines der sechzehn Kinder, welche Fürst Joachim Ernst von Anhalt in zwei Ehen erzeugt hatte. Sie stammte aus seiner zweiten Ehe mit der Prinzessin Eleonore von Württemberg=Teck. Es ist uns leider nicht gelungen, über ihre Erziehung und Jugend ein Mehres zu erforschen, als zeither schon angenommen ward: daß nämlich ihr gelehrter und gottesfürch= tiger Vater, so lange er lebte, einen großen Ein= fluß auf dieselbe geübt habe. Er war ein uner= schütterlicher Anhänger des lutherischen Glaubens= bekenntnisses, das er — zur Abwehr eingeschlichener calvinistischer Begriffe — selbst verfaßte, im Jahre 1585 drucken und vertheilen ließ und selbst mit allen Kirchendienern und Lehrern seines Landes unterschrieb und beschwor. Auch geistliche Gesänge, nach seinem Tode herausgegeben, sind von ihm gedichtet. Neben dieser vorwiegend religiösen Rich= tung aber war ihm auch ein hoher Sinn für Wissenschaft und Kunst eigen. Die Empfänglich= keit für Beides scheint er auf seine Toch=

ter vererbt und in ihr erweckt zu haben, aber diesen
Sinn in ihr auszubilden vermochte er nicht, da er
schon am 6. Dezember 1586, also im 13. Lebens=
jahre der Tochter, starb. Ein bedeutender Antheil
an der Charakter= und Geistesbildung der jungen
Dorothea Maria, in den Jahren ihrer entscheidend=
sten Entwickelung zumal, muß daher immerhin ihrer
Mutter und — da diese sich 1589, also im 16. Jahre
der Tochter, mit dem ebenfalls verwittweten Land=
grafen Georg von Hessen zu Darmstadt wieder ver=
mählte, diesem ihrem Stiefvater zugeschrieben werden,
und es wird daher nicht als ungehörig betrachtet
werden können, wenn wir im Nachstehenden — wie
ein Vorspiel unserer eigentlichen Aufgabe — die Ge=
schichte des Zustandekommens dieses Ehebundes mit
einer Ausführlichkeit wiedergeben, welche einen Ein=
blick in die Charaktere des, für die Heranbildung
unserer Heldin so wichtigen, neuen Paares gewährt.

Die Schöpferin dieser Verbindung war die
Landgräfin Hedwig von Hessen zu Marburg, die
Schwester einerseits der verwittweten Fürstin Eleonore
von Anhalt und die Schwägerin andererseits des ver=
wittweten Landgrafen Georg in Darmstadt. Schon
als Georg sich zum ersten Male vermählen wollte
und auch Eleonore noch unvermählt war, hatte die
Gemahlin Landgraf Wilhelm's zu Kassel die Ver=
bindung beider gewünscht. Es hatte sich damals
aber anders gefügt. Nun, wo beide verwittwet wa=
ren, nahm Hedwig die Verfolgung dieses Ziels von

Neuem auf, veranstaltete ganz unversehens und un=
auffällig eine Zusammenkunft beider am Hofe zu
Marburg, und als die gehoffte Wirkung derselben bei
Landgraf Georg eintrat, ward sie die unermüdlichste
Vermittlerin und Förderin des Handels, während
als männlicher Fürsprecher und Brautwerber Georg's
Bruder, Landgraf Wilhelm in Kassel, in Mitthätig=
keit gezogen ward.

Hören wir nun die Geschichte dieser Heiraths=
intrigue aus den darüber gepflogenen Korrespon=
denzen selbst.

Den Anfang macht ein Brief, welchen Landgraf
Georg nach jenem, von Hedwig veranstalteten ent=
scheidenden Zusammentreffen in Marburg an seinen
Bruder Wilhelm am 16. Juni 1588 schrieb:

„Hochgeborner Fürst, freundlich lieber Bruder
und Gevatter! Was für groß unglück, bekümmernuß
und Hertzleidt Unns nun länger als ein Jahr zuge=
standen, solchs achten wir vor unnötig, dißmals zu er=
zählen; Sintemahl Ew. Liebden Dasselbig alles besser
bewußt ist, als wir schreiben können, Unnd welche
leider das unglück selbst betroffen hatt; Denn was
für ein groß kreutz es ist, das liebst uff erden zu
verlieren, kann Unsers erachtens Niemands besser
wissen, Als den es betroffen hatt. Daher wir Unns
auch genzlich in den Sinn genohmm, Unser leben=
lang einsam und allein zu pleiben, unnd haben ver=
hofft gehabt, Gott der Almechtig werdt Unns auch
zu sich genhommen, Unnd unns also Unsers Creutzes

entlebigt haben, darumb wir Gott teglich gebetten und
noch, wo es seiner Almacht also gefiell, bitten thun.
Wir spuren aber so viell, das es noch zur Zeitt sein
Göttlicher Wille nicht ist, sollen etwa mehr Unglücks
erleben, oder was Gott sonsten mitt uns vorhatt,
Welches Alles wir seiner Göttlichen Almacht bevehlen.

„Dieweil es dan Gottes Wille also ist, das er
Unns lang In dieser Welt will haben, So erkennen
wir Uns auch schuldig, Unsern willen seinem Gött=
lichen Willen zu unterwerffen, und die übrige wenige
Zeitt, die wir noch zu leben haben, also anzustellen,
das wir ein gut gewissen gegen Gott und einen gu=
then Nahmen bei der Weltt behalten mögen.

„Darauf mögen wir nun Ew. Liebden in
freundtl. vertrauen nicht verhalten, Ob wir uns woll
biß daher freyens halber die wenigsten Gedanken ge=
machtt, Das Unns doch von Leutten, so es auch gutt
mit Unns meinen, allerhandt Vorschlege geschehen,
dieweil wir aber ohne Ew. Liebden wie Unsres
freundlich lieben Bruders und Gevatters, Landgraff
Ludwigs zu Hessen, rathsames und brüderliches be=
denken Unns in solche sachen einzulassen nicht ge=
meinett, so seyndt wir newlicher Zeitt, als wir eben
zu Homburgk jagen wollen, dießer undt anderer Un=
serer Privatsachen halber unns mit Landgraff Lud=
wigs Liebden zu besprechen, fortan nacher Marpurgk
gezogen, seindt auch genzlich gewillt gewesen, Ew.
Liebden solche sachen auch zu wissen zu thun und
deroselben gutbedünken darinnen zu hören. .

„Wie wir nun daselbsthin kommen, gleichwoll
ganz unwissendt, daß sonsten frembde fürstliche Personen deß orts sein oder anlangen sollen, Innmaßen
Uns solchs Landgraf Ludwigs Liebden selbsten Zeug-
nuß geben werden, Als seindt ebenn die Herzogin
von Weimar, die Herzogin von Coburgk undt dann
die Fürstin von Anhalt daselbsten ankhommen, Undt
hatt damals mehrgedachts Unsres Bruders Landgraff
Ludwigs Liebden deroselben Hofjunkern Herrmann
von Harstall ihrer Frauenzimmer Jungfrauen einer,
Killianen v. Bodenhausen, ehelich beigelegtt, Auch
unns zu solchem Ehrentagk gebetten, Also daß wir
daselbsten verharren müssen.

„Nun haben wir Unns darzumall erinnert, waß
weilandt Ew. Liebden freundtliche liebe gemahlin,
Gottseelig und Christmilder gedechtnuß, vor ungefehr-
lich 17 Jahren mitt Unns Ihrer Liebden Schwester,
der Fürstin von Anhalt, halber geredet, Und wie
treuherzig und gutt es Ihre Liebden Dero Zeit
meineten, Es ist aber deßmals Gottes gnediger wille
nicht gewesen. Sondern ist uns von Ew. Liebden,
wie Deroselben woll bewußt ist, weilandt Unser Herz-
allerliebste gemahlin, Gottseelig und Christmilder gedechtnuß, vorgeschlagen worden; wie wir auch darauff
Ew. Liebden brüderlich gevolgett, welchs unns dann
nie keinen Augenblick gereuett hatt, Und da es Gottes will gewesen, mochten wir nicht liebers wünschen,
denn das wir Ihre Liebden die zeitt unsres lebens
hetten behalten mögen, wolten wir keines andern

menſchens in der Welt begertt haben. Dieweill es
aber Seiner Göttlichen Allmacht anders gefallen,
So müſſen wir es auch deroſelben mit gebuld heimb=
ſtellen, haben derohalben nit unterlaſſen, mit Unſres
auch freundlich lieben Bruders und Gevatters Land=
graf Ludwigs gemahlin von denen ſachen zu reden
und ſie zu bitten, das ſie doch an der vonn Anhalt
unvermerktt vernehmen wolle, ob ſie ſich wieder zu
beſtatten bedachtt. Wir haben aber ſoviell vernhom=
men, das es Ihre Liebden noch zur Zeitt bedenckens
haben ſich wiederumb zu beſtatten. Dieweil wir
aber ſoviell verſtanden, das Ew. Liebden ihr Vor=
munder ſeyndt, Und dahero ihre Liebben in ſolchen
Sachen gewißlich eher volgen wirdt als einem an=
dern; zudem wir auch verſtanden, das Ew. Liebben
ſich nach Joannis nechſthin uffzumachen und zu dem
Churfürſten von Brandenburgk zu begeben in Willens
ſeyn ſollen, ſo wollen wir hiermitt Ew. Liebden ganz
freundtlich gebetten haben, Sie wollen Unns nicht
allein Ihr brüderliches bedencken mittheilen, Sondern
auch bei ihro, der v. Anhalt Liebben befördern hel=
ffen, daß Dieſelbe ihren Willenn dorin geben wolle.
Dann ſie unns aus vielen urſachen, die wir nicht
alle erzelen mögen, beſſer gefellet, als die anderen
alle, ſo unns vorgeſchlagen ſeindt worden, verhoffen
alſo, da es ſonſten Gottes gnediger wille wehre, ſie
wolle vor Unns ſein.

„Dieweill wir dann Jederzeitt zu Ew. Liebben
ein freundtlich und brüderlich Vertrauen gehabt, wie

2

auch noch, So bitten wir freundlich Ew. Liebden wolle in denen Dingen unserm Vertrauen nach sich guttwillig finden laßen; das seindt wir Umb Ew. Liebben und die Jhrigen die Zeitt unsres lebens zu verdienen willig, und bitten ferner freundtlich, Ew. Liebben wolle doch die Ding in guther Geheimb bei sich behalten, daß nicht viell geschrei davon gemacht und wir also den Leuten nicht vergeblich in die Meuler gerathen. Was auch Ew. Liebben Gemuet und Meinung ist, das wollen sie unns mit gegenwärtigem unsrem Lackeien hinwieder zu schreiben. Wir hetten auch Ew. Liebben diese sach gern eher zu erkennen gegeben, So haben wir doch vor großen schwermutt, so wir noch teglich am Halse, diß schreiben bis dahero weder selbsten schreiben noch auch dictiren können. Darumb Ew. Liebben unns deßen ungütlich nicht verdencken wollen."

Die Einleitung des ganzen Unternehmens bildete ein noch völlig unverfänglicher Brief, den am 27. Juni Landgraf Georg von Mainz aus an die Ausersehene schrieb, ohne seiner Wünsche irgend wie zu gedenken. Er war dahin von Wiesbaden, wo er mit Landgraf Ludwig und dessen Gemahlin und anderen Fürsten und Fürstinnen die Badekur gebrauchte, zum Besuch des churfürstlichen Hofes auf einige Tage gereis't. Er schrieb von lauter gleichgültigen Dingen; nur die Erinnerung an das Zusammensein in Marburg ward besonders hervorgehoben: „Es ist bei solcher Badenskur Spielen unser beste kurtzweill biß

dahero gewesen. Wir haben aber vor Unser Person
des orts solch glück nicht gehabtt, wie wir mehrmals
zu Marpurgk den abent zuvor, ehir wir daselbst wider abgezogen, dan Unns anißo die fröhlichen Wei-
berlein zimblich gezauselt, verhoffen aber es werde
sich das Spiell wenden, also das wir unns rechen und
ihren Liebben wieder eine Kappen kauffen möchten."

Aber bald folgten eingehendere Schritte unter
Wilhelm's in Cassel und Hedtwig's in Marburg un-
ermüdlicher Beihülfe. Zunächst korrespondirte Hedtwig darüber erst mit Eleonoren's Bruder, dem Herzog Ludwig von Württemberg, und als sie seiner
Zustimmung gewiß war, mit Eleonore selbst. Aber
diese wollte anfänglich nichts von der Sache hören:
„Daß ihr" — schreibt sie den 2. Juli 1588 an die
Landgräfin Hedwig — „mir wider schreibt Landgraf
Georgen halber, nimbt mich gar groß wunder, dan
ihr vor meine Meinung woll gehört habtt, daß ihr
schreibett, es mochte mir Und meinen Kindern schimpff
daraus entstehen, so glaub' ich ehe, das mir schimpff
entstehen wurd, wan ich ja sagt, Als wan ich nein
sag. Dieweill es ja des lieben Gottes wille also ist
gewesenn, das er mir mein herzallerliebsten Herrn
vorselig auß meinen Augen genhommen hatt, so ist
er mir doch auß meinen Herßen nitt, wirbt auch nitt
raußer kommen, biß wir zu der ewigen Freude wider
zusammenkommen. So hab' ich ißund guthe Tage,
Ich hab nichts zu sorgen, Ich lege mich nieder und
stehe auff, wan ich will; ich gehe hin wo ich will,

Ich thue was ich will, es redt mir Niemandts nichts
ein, dan ich es ob Gott will also machen will, das
Jedermann mit mir zufrieden ist, Ich lebe in Friede
und einigkeit bei meinen lieben Kindern und habe
alle meine Freude an ihnen und weiß daraus nichts
zu klagen. Wan ich·nun wider ein Man nheme, So
ginge die sorg, mühe unnd arbeit wider ann, Ich
wehre nit mehr frei, Ich dürfte nit mehr thunn was
ich gerne wollte, müßte von meinen Kindern ziehen,
— geschweige meiner andern guthen Leutt, arm und
reich, die mich von Hertzen lieb haben, und alle ihr
Trost und Zuflucht haben zu mir, und thät gar wie
ein untrewe Mutter, das ich meinen Kindern den geringsten Heller entzöge. Würd nit jedermann sagen:
der Fürwitz triebe mich darzu, das ich wider ein
Man mußt haben, Unnd würd mirs alle Menschen
wünschen unnd gönnen, das es mir nit woll ginge?
Darzu bin ich alt und heßlich, wan es mir darnach
würde vorgeworffen, würde jedermann sagen, es geschehe mir recht, worumb ich nicht allein blieben
wehre. Darumb werdet ihr mit mir zufrieden seyn.
Dan ehe ich was thun wolt, was meiner Kinder
schade wehre, wolt ich lieber todt seyn, Also habt
ihr meine Antwort, dann wan man ein Ding
erst bedencken will wans geschehen ist, So ist es
zu lang geharret undt kompt darnach der Verdruß
hernach."

Inzwischen hatte Landgraf Wilhelm auf seiner
Reise nach Brandenburg in Dessau eine mündliche

Unterredung mit Eleonore gepflogen und in ihr schien
die Sache doch etwas weiter gediehen zu sein. „Land=
graf Wilhelm" — schreibt sie an die Pfalzgräfin
Emilie bei Rhein den 12. Juli 1588 — ist gar
hart hinder mir gewesen, Aber ich hab gesagt, Ich
könne nichts thun, das meinen Kindern schadt sey.
Nun könne ich nicht erkennen, das es meinen Kin=
dern nutz wehre, wen ich mich wieder verheurathen
würde, dann ich sie vollendt um Alles hülffe brin=
gen, was sie hetten, Darumb sollt' er mich zufrieden
lassen. Hatt er gefragett, wievielt die schulden weh=
ren, hab' ichs ihme gesagett; hat er gesagt: Ob ich
an mein Bruder schreiben wolle, hab' ich gesagt:
Nein, das thu ich nicht, den ich beger nit, von mei=
nen Kindern zu ziehen, So sagt er: ob ers thun
solt, so sagt ich: es stünde bei ihme, er möchte es
thun oder nit, Aber ich könnte mich durchaus in
der sache nichts erclehren, s wehre den das sie
beide mir vorschlege theten, daß ich sehe;
das es für meine Kinder wehre, So wolte ich
mich darnach auch woll wissen zu erclehren. Liebe
Schwester, wen ich sonst wieder freihen möcht, wolt
ich balt Ja sagen, Aber so wehre ich mich weil ich
kann."

Solche — ihm wieder überbrachte — Antwort
mußte den Landgrafen Georg zurückschrecken und ver=
letzen. „Aus was Ursachen wir es gethan — schreibt
er am 19. Juli zurück an seinen Bruder Wilhelm —
das wir uns unsres gemüts soweitt erclehret, solches

ift Gott unnd unns allein bewußt, dan sowenig als
wir unsern Kindern etwas zu nachteill oder schaden
gerne thun wollen, Also wenig wollen wirs auch
Jhro der von Anhalt und deroselben Kindern zuge=
muthet haben; Gott aber, der ein Herßkundiger ist,
und aller Menschen gedanken weiß, der weiß auch
dieses, wie es von uns gemeinett ist. Dieweill wir
Unns den besorgen müßten, das unns hiernechst
gleichmeßige Antwort, wie auch allbereits beschehen,
widerfahren möchte, Und dan Ew. Liebden selbst
wissen, das einem nichts weher thut als schimpff,
auch es allbereitts an zweimall genug ist, das dritte=
mall aber zuviell wehre, So wollen wir derohalben
diese wie auch sonsten alle unsere Sachen Gott dem
Allmechtigen bevehlen undt es im nahmen Seiner
göttlichen Allmacht pleiben lassen."

Aber noch war der Lakei, der den Brief über=
bringen sollte, nicht abgegangen, so besann sich Georg
doch eines Anderen. Er hatte erfahren, daß seine
Bewerbung kein Geheimniß geblieben, sondern an den
Höfen der verschiedenen fürstlichen Personen, die in
das Geheimniß gezogen worden waren, mehr oder
minder verlautet habe; „ist hiermit — sagt er in
einer Nachschrift an seinen Bruder Wilhelm — wie
das gemeine Sprichwort lautet: was zwei wissen,
das weiß auch der Dritte, also auch was man an
zweier Herren Höfen weiß, das weiß schier die halbe
Welt. Wie wohl wir uns nun keine gedanken ma=
chen, das etwas aus der sachen werde, So haben

wir doch nicht unterlaffen wollen, unferstheils foviell darzuzuthun, Als an unns ift, das es nit des an= fehens bei der freundfchaft haben und gewinnen möcht', Als ob wir derjenig wehren, der die fachen angefangen und nunmehr weils ans treffen gehen folle, abfpringen wolle." Er bat daher den Land= grafen Wilhelm, fich doch bei der Fürftin von An= halt unvermerkt zu erkundigen, „was fie doch zu folch wunderlichen Gedanken bewege", wenn fie von dem Schimpf rede, der ihr aus diefer Verbindung erwachfen werde. Auch bei ihm werde fie gute Tage haben und, wie feine feelige Gemahlin, auch von ihm gut gehalten werden. Auch würden Mittel und wege zu finden fein, wie fie wenigftens einen theil ihrer Kinder bei fich behalten könne. Am wenigften konnte er begreifen, wie Eleonore auf den Gedanken kommen könne, daß fie wie eine untreue Mutter ihren Kindern den geringften Heller entzöge, denn feine Meinung war ja, daß fie über ihr Witthum zu Gunften ihrer Kinder völlig frei folle verfügen können. Befonders fchmerzlich berührte ihn auch die Beforg= niß Eleonoren's, „es könne ihr etwa heutt oder mor= gen vorgeworffen werden, daß fie alt und heßlich fei." Georg war fich bewußt, „das folchs fein brauch nie gewefen." „Wir wiffen unns, fchrieb er, wol zu befcheiden, das man nicht alzeit gleich hübfch fein kann, dan wir vor unfer Perfon felbften nunmehr auch In die hübfcheit wachfenn, wie ein Junger Efell in die fchene. Was wir gethan, das ift anderer

gestalt nicht, dan auß freundlicher herzlicher zuneig=
ung, so wir zu Jhro Liebden getragen und noch tra=
gen, geschehen." Jn seiner Verwunderung darüber,
„wer doch die guthe fromme Fürstin in solche ge=
danken alle gebracht haben möge," gerieth er auf die
Vermuthung, „es seien vielleicht etzliche alte weiber,
die Jhrer Liebden solches also Jn die ohren geblasen,
unndt ihr die sachen so schwer machten." Er be=
dauerte die Unruhe, in welche Eleonore durch seine
Werbung gerathen, tröstete sich aber mit dem Be=
wußtsein, daß er „die sach nicht leichtfertig habe an=
gefangen. Wenn wir alle unsere gedanken sollten er=
zehlen, so wir in dieser sach gehabt, hielten wir es
dafür, es solte die Biebel solchs Alles dorin zu schrei=
ben zu klein seyn, Und wen wir nicht mehr uff Gott
in diesen sachen sähen, als uff andere Dinge, so
wollten wir uns freilich nicht wieder in einen solchen
vorfall zwingen lassen, Dan wir uns der guten
Tage ebensowohl rühmen können als ihre der v. An=
halt Liebden Und mangelt uns Gottlob an denen
Dingen so Jhr Liebden in ihren schreiben anziehen
auch gar nichts."

Georg schrieb aber auch an Eleonoren selbst.
Nachdem er auf die abfällige Antwort, die sie dem
Landgrafen Wilhelm gegeben, Bezug genommen,
fährt er fort: „Nun ist ein gemein Sprichwort, das
ein Baum von einem streich nitt fellett, darumb haben
wir auch nicht unterlassen wollen, Ew. Liebden selbst mit
diesem unserm schreiben zu besuchen und uns grünblich

unb eigentlich gegen Ew. Liebben Unfres gemüts zu
erclehren.

„Auß Ew. Liebben schreiben allen sehen und mer=
ken wir soviell, das Ew. Liebben ihr die gedanken
machen, es werde der Heurath Ew. Liebben und
ihren Kindern zu Schimpf und Schaden gereichen,
Unbt mögen wol leutt sein, die ¦Ew. Liebben zu
solchen gedanken bewegen, wie man ban dero leutt
viel findet, denen nichts liebers ist, als christliche
ehrliche hendell zu verhindern, etwa um ihres ge=
nießes willen oder sonsten aus Ursachen halber, die
wir nicht alle wissen können. — — Unser suchen und
begeren ist jederzeitt, wie auch noch, christlich treu=
hertzig und woll gemeint gewesen, und gar nicht der
Meinung geschehen, das es Ew. Liebben zu schimpff
und dero Kindern zu schaden gereichen solle.

„Dan das Ew. Liebben gedenken, Sie könne
ihres Herrn nicht vergessen, Deßen können wir Ew.
Liebben ganz und gar nicht verdenken, ban solch an
Deroselben mehr zu loben als zu schelten ist. Daß
auch Ew. Liebben vermelden, Sie könnte ihres Herrn
unserthalben nicht vergeßen, das begeren wir kei=
neswegs nicht, dan wir bei uns selbst woll erachten
können, das eheleut, so sich einander hertzlich lieb
gehabt haben, stets an einander gedenken, wie wir
dann auch in gleichem Fall unsrer gottseligen Ge=
mahlin die tage unsres lebens nicht vergessen können.
Darumb mögen Ew. Liebben ihr die gedanken nicht
machen, das uns solches zuwider oder in einiger

maaß verdrießlich sein werde. Und wen wir Unsre
gottseel. Gemahlin so offt wider gehabt hätten, als
wir an Ihre Liebden seelig gedacht, So glauben wir
nicht, das dieselbe einen Augenblick würde im Grabe
gewesen sein.

„Was ferner Ew. Liebden vermelden, das nemblich dieselben derohalben bei andern Leutten verdacht
werden möchten, dieweill sie itzunder nichts zu clagen,
und ihr Alles nach ihrem wunsch und begeren erginge, — — da hoffen wir nicht, daß Ew. Liebden
an solchen Dingen allen, wie sie in ihrem schreiben
melden, einigen mangell haben sollen, Sondern wo
sie Unns nur vertrauen könnten und wollten, Keinen
Mangel spüren sollen, Was aber die sorgen wegen
ander unglück, so etwa einem oder dem andern im
Eheſtande begegnen möchte, auch mühe und arbeitt,
so eheleutt ihrem beruf nach haben müssen, berüren
thutt, da werden sich Ew. Liebden als eine verständige Fürstin woll zu erinnern wissen, das solchs in
unser macht nicht stehet zu wenden oder zu kehren
wie wir wollen, sondern wir müssen solchs Gott dem
Herrn bevehlen, welcher es wendet wie es ihm gefellet, Sonsten wissen Ew. Liebden schwestern ganz
woll, wie wir Unsre gottsel. gemahlin gehalten, hoffen
auch Ew. Liebden sollen auch In dem Fall mit Unns
freundlich zufrieden seyn.

„Was Ew. Liebden auch vornemblich ihrer Kinder halber bedenken, daß sie dieselbigen verlassen, undt
von ihnen zihen müssen, Das wollen Ew. Liebden mit

rechten augen ansehen, Dan soviell Ew. Liebden
Stieffkinder und Deroselben Tochter Jm Lande zu
Holstein anlangtt, Da müssen Ew. Liebden bedenken,
das sie dieselben ohne das nicht allzeitt bei sich ha=
ben oder haben können, Sondern müssen denselben
ebensowohl zu Dessau als alhier endrathen, das aber
Ew. Liebden immer mehr dieses Heuraths halber zu
ihnen kommen und ihro dasselbig also gar solte ab=
geschnitten sein, die gedanken wollen sich Ew. Liebden
nicht machen, Dan sie ziehen darumb nicht aus der
Welt und konten Ew. Liebden gleichwoll, wan sich
die gelegenheit zutrüge, wider zu ihnen kommen, auch
jederzeit mit schreiben, wie auch itzo geschiehet, sie
freundlich besuchen.

„Was aber Ew. Liebden eigene Kinder betrifft,
da haben wir unns durch Ew. Liebden freundlich liebe
Schwester erclehret, das uns nicht zuwider seyn solle,
das Ew. Liebden dieselben ihres Gefallens zu sich
nehme, und sollten Ew. Liebden spüren, das wir sie
gern umb uns haben wollen, und wo wir ihnen ehr,
Lieb und Freundschaft konten erweisen, das alsdann
daran an Unns kein mangell erscheinen solle.

„Was Ew. Liebden ferneres melden, das sie auch
etzlich guthe leutt, so sie von hertzen lieb hetten und
alle ihr zuflucht zu ihr hetten, verlassen müßten, Des=
sen müssen sich Ew. Liebden auch so gar hartt nicht
annehmen, Undt deßwegen andre Dinge, so höher
seyndt, Und mehr uf sich haben, dardurch verlassen.
Dan sie solchen Leutten auch guts erzeigen können,

wan sie gleich nicht allzeit bei ihnen wehren, Und
müssen Ew. Liebden auch gedenken, das auch alhier
viell leutt sein, so dieselben auch lieb und werth wür=
den haben, und Ew. Liebden ebenso woll hier als
auch dortt die christliche Liebe gegen die Dorfftigen
erzeigen könnten.

„Als dan Ew. Liebden ferner ihro im sinn bil=
den", sie möchte eine untrewe Mutter gescholten wer=
den, wan sie ihren Kindern den geringsten Heller
entbzöge, da müssen wir mit Gott bezeugen, das
wir nicht wissen können, wodurch Ew. Liebden Kin=
der durch diesen heurath möchten beschweret werden,
Und mögen Ew. Liebden ja diese gedanken nicht von
uns haben, sondern unserm freundlichen vertrauen
nach ein bessers von uns gedenken.

„Wir bitten, Ew. Liebden wollen doch, wo nicht
gegen uns, doch gegen Landgraf Wilhelm oder Land=
graf Ludwigs Gemahlin, sich rund und cathegorice
ercleren, worin und wodurch doch Ew. Liebden mei=
nen, das ihren Kindern schade oder nachtheill entste=
hen solte. Dan also lang das nicht geschiehet und
der Scrupell auß Ew. Liebden Hertz nicht genhom=
men wirdt, pleiben Ew. Liebden stets in ihren Her=
zen traurig, dan wir woll wissen Und habens aus
erfahrung was getreue Hertzen vermögen.

„Dieweill denn alle argumenta Ew. Liebden Uns=
res Erachtens genugsamb widerleggt, auch Ew. Lieb=
den hierin unser freundlich gemütt und meinug ge=
sehen haben, Ew. Liebden sich auch nunmehr genug=

samb gewehret, so bitten wir freundlich, Ew. Liebben wollen sich einmall gefangen geben undt ihr den
handell nit schwerer machen, den er an sich selbst ist,
sonbern sich gegen uns selbst ober, da sie dessen be-
denkens hetten, gegen Landgraff Wilhelmen ober gegen Landgraf Ludwigs Gemahlin freundlich erclehren."

Landgräfin Hedtwig, die mit ihrem Schützling
Georg fortwährend die beiderseitige ganze Korrespondenz in der Sache gegenseitig austauschte und die
auch eine Abschrift dieses Briefes zugesandt erhielt,
war ebenso sehr mit letztern zufrieden, als mit ihrer
widerspenstigen Schwester unzufrieden: „Ich wüßte,
schreibt sie ihm, in selbigem schreiben nichts das
vergessen wär, und sage und schreibe nach wie vor,
wan sies nit thut, wolt ich sie wäre längst gestor-
ben, ich bin von Herzen bös über sie." Und ihr
selbst spricht Hedtwig ganz deutsch und deutlich ihre
Mißbilligung aus: „Ew. Liebben Schreiben hab' ich
empfangen und baraus ganz ungerne derselbigen
halstarriges gemuett vernommen, hette auch nicht gehofft, das sie so kindische Dinge solte vorbringen und
vorwenden. Ich mag wahrlich nicht viell barauff
antwortten. Es habe sich unser eins so woll als es
immer wolle, so wißt ihr gar woll, daß man nit
ohne nachrede pleiben kann, Denke nit das ihr allein
die Heiligste sein werdt, da man nichts von reden
barf. Die Beschwerung eurer Kinder, die ihr anzi-
het, kan ich bei mir nie mit dem geringsten finden,
Was aber andere Leutt anlangt, die ihr nit gern

verlaſſet, acht ich woll, es ſei ein hauffen alter wei=
ber, die euch und euren Kindern nicht gar aus ihren
beſchwerungen helffen werden, wenn ſie euch ſchon
itzund die Ohren vollſchreien und heulen, und wer
allwege mein gemueth-dahin gerichtt, was mir meine
geſchwiſter, da ich doch nie keine Untreue geſpüret,
rathen und heißen, denſelben ehir zu volgen als ei=
nem wildfremden. Liebe Schweſter, da habt ihr mein
hertz ganz und gar und ich weiß, ſo war als Gott Gott
iſt, wan ihr n i t volgt, es wird euch am ehiſten gereuen."

Aber Hedtwig ließ es hierbei nicht bewenden,
ſondern trieb ihren Bruder Ludwig von Württem=
berg an, ihrer gemeinſamen Schweſter Eleonore eben=
falls zuzureden, während andererſeits Landgraf Wil=
helm ſeinen Bruder Georg von Dresden aus über
die zeither gethanen Aeußerungen der Eleonore, die
letztern ſo aufgeregt hatten, zu beruhigen ſuchte.

„Wir haben aus Ew. Liebben Schreiben ver=
ſtanden, daß der Erbfeind des menſchlichen Geſchlechts
und ſonderlich des Eheſtandts ſeinem Brauch nach
Ew. Liebben viel unnöthiger Gedanken einzuſchieben
unterſtehet, und daß chriſtliche werck und vorhaben
gern verhindern wolte, Welches wir aber, die weill
eß ſo weitt kommen und auch hier außen Landes nitt
ein gering geſchrei davon iſt, Sondern viell leutt
darumb wiſſen, nichtt gern ſehen wolten. Eß hatt
ja der von Anhalt Liebben nichtt wol anders ant=
worten können, So iſt ſie auch kein Kanzlar
nichtt, das ſie alle wort uf die Goldtwage lege."

Uebrigens theilte er seine Absicht mit, auf der Rückreise von Dresden nach Cassel mit Eleonoren noch einmal zu sprechen, und da inzwischen auch ihr Bruder Ludwig ihr zugeredet hatte, durfte man hoffen, daß Landgraf Wilhelm diesmal in Dessau ein geneigteres Ohr finden werde. Aber alle diese Einwirkungen schienen gleichwol als erfolglos sich erweisen zu wollen. „Landgraf Wilhelm ist hierher gekommen — schreibt sie an ihren Bruder Ludwig zurück — und hat von seines Bruders wegen wider bei mir angehalten, Auch kein bissen essen wollen, Ich solte Er. Liebden eine gute Antwort geben, Ich bin aber uf meiner Meynung bestanden, das Ich nicht mehr freyen wolte, das ehr auf den Abendt hatt nachlassen müssen. Auff den andern tagk am Morgens schickten Er. Liebden Doctor Meckbachen, den Kanzlar von Halle, zu mir, und begereten nochmals erclerung von mir uf die Anbringung. Aber ich bestundt uf meiner alten meynung. Da drungen Er. Liebden so hartt, das ich uf die letzte sagte, Ich könnte kein andre antwort geben, darzu wan ich was schon im willen hette, so müßte Ich Ew. Liebden als meinen einigen und allerliebsten Bruder und Itzund mein Vater, auch vor darumb fragen, Darauf Er. Liebden mich flugsk gefragt: ob ich an Ew. Liebden schreiben wolle? Ich darauff geantwortet: nein, ich begere keins Mannes nicht. Das war unser abschied von einander. Nun kann ich nicht wissen, woraus Er. Lieb=

den verstanden magk haben, daß ich einen geneigten ehelichen willen zu Sr. Liebben Bruder solt haben. Mich deucht, wan ich soviel erclerung hette, Ich kehme mein lebenlang nicht mehr, das Ich der sachen gedechte."

Landgraf Georg gab nun sein Vorhaben auf und meinte nur: „Die von Anhalt hätte solche Antwort schon jüngsthin geben können, als wehre dadurch viel Mühe ersparet worden." Ebenso — aber etwas kräftiger — sprach sich Schwester Hedtwig aus: „Ich wolte auch das sie ihr Maul erst also hette aufgethan, were mancher gutte gang und maniches schreiben gesparet worden. Es ist ir schad mer als Ew. Liebben, ich aber und meine andern geschwistere können Ew. Liebben nit genug davor danken, das Sie es so gut gemeinet und so geduldig darbei seyn. Mir zweifelt nit, Gott wird Ew. Liebben etwas besser versehen haben und vor Unglück behüthen wollen." Und doch war es auch jetzt wiederum Schwester Hedtwig, die im Stillen nach Frauenart die Sache doch noch nicht auf und verloren gab. „In summa, ich hoff" — schreibt sie am 27. August an Landgraf Georg — „es solle noch alles guet werden". Wieder trieb sie ihren Bruder Ludwig von Württemberg an, ernstlich in Eleonore zu bringen und unterhielt trotz allem, was geschehen, die Verbindung zwischen ihr und Landgraf Georg im Gange und des letzteren Hoffnung immer noch wach. So sehr ihn die beharrlich ablehnende Antwort Eleonorens verletzte, so

wirkte doch das unangenehme Aufsehen, welches die
Sache in weitem Kreise machte, mehr, als sonst
wol der Fall gewesen wäre, dahin, daß er sein Ziel
nicht ganz und gar aufgab. „Uns ist, schreibt er,
fast zu Muth, wie der frauen, so die Bürste gestoh-
len, also, wo zween beisammen gehen und mit einander reden, wir uns bedeuten lassen, sie reden von
unserm Durchfall." Endlich greift Hedtwig zu einem
letzten Mittel, einer Art von Sturmangriff: sie ließ
durch einen vertrauten zu derartigen Dingen ganz
besonders geeigneten Mann, Hans von Verlepsch,
persönlich die Sache bei der Witwe von Anhalt
betreiben, und am 27. August schreibt denn nun
diese an Landgraf Georg selbst gleich einer Festung,
die sich endlich ergeben will: „ich laß Ew. Liebden
auch wissen, das heut frühe Hans v. Verlepsch wider hier ist wekgezogen und hat es gewis der
liebe Gott meiner schwester in sinne gegeben, das Ihro Liebden ihn zu diesen sachen
gebraucht hat, dan er ein alter wolerfarner
tupler ist." Und wirklich war Eleonore unverkenn-
bar im Einlenken begriffen, sie leistete nur noch
scheinbaren Widerstand, sie verlangte nur von Außen
eine neue und zwar dringliche Veranlassung zu erhalten, um mit Anstand einen neuen Entschluß fas-
sen zu können. Sie fährt daher fort: „Bitt Ew.
Liebden zum Allerfreundlichsten, Ew. Liebden
wollen nur sehen das mein Bruder mir
wider schreiben und zum Allerhöchsten zu

3

dieſer ſachen ratten thut, ſo wil ich mich
ban gegen Se. Liebden erklehren, das Ew.
Liebden auch mit mir werden zufrieden ſeyn.
Ich ſchreib Ew. Liebden ſolches aus getreuen Hertzen, bit
aber zum allerhöchſten, Ew. Liebden wolle ja kei=
nen Menſchen nichts davon ſagen, noch meinen
Brief leſen laſſen ꝛc." Aber ſie ſcheint zu dieſem Schritte,
zu dem ſie die bringlichen Wünſche ihrer Geſchwiſter
bewogen, nur unter heftigen Gemüthserregungen end=
lich ſich herbeigelaſſen zu haben; „Hans von Ber=
lepſch", ſchreibt ſie an ihre Schweſter Hedtwig am nem=
lichen Tage, „hat mir ſo hart angelegen, das ich ge=
geſagt hab, wan mein Bruder weitter an mich was
gelangen werde laſſen, ſo wol ich mich wiſſen darauf
zu erkleren. Ich verſtehe nit anders ban das irs
alle gut mit mir meinet und es uf beiden theillen
gern machtet das recht were. Gott weis in was für
angſten ich bin, ban wan man mir von denen ſachen
ſagt, ſo iſt mir ſchlechts wie ich einen ſchweren ſtein
auf meinen Hertzen liegen hab, das ich kein wortt
antworten kan, wie es auch Berlibſch wol berichten
wirt. Ich hatte wol gehofft, ir ſolt mir wider ant=
wort auf mein Brief geben haben, ich wolt euch
gern ein gewiſſe antwort ſchreiben das ir mit mir
zufrieden weret, aber der liebe Gott wil mir den
Willen noch nit dazu geben, darumb bitt ich euch
um Gotteswillen, ir wolt darumb nit unwillig auf
mich werden, ban ich ja nichts nit kan on Gottes
willen und gefallen."

So war denn in aller Stille endlich doch
der Grund zu dem neuen Ehebunde gelegt. Als
Georg ihr seine Freude über den willfährigen Entschluß zu erkennen gab, erwiderte sie ihm am 13.
September zum erften Male als seine künftige Gemahlin: „Ich hab Ew. Liebben Schreiben empfangen und
daraus vernommen, das Ew. Liebben mein schreiben
erfreihet und Ew. Liebben dem lieben Gott nit genug danken kunden das Ew. Liebben eine alte heßliche bese Frau bekommen sollen, ich hab' aber darneben mit herzlich großer Freud Ew. Liebben glück-
ligen zustand vernommen. Mich sampt allen den
meinigen sollen Ew. Liebben auch noch bei guten zustand wissen, der liebe Gott wolle hinfort mit gna-
ben bei uns sein. Ew. Liebben sollen sich auch keinen Zweifel machen, das ich nit für Ew. Liebben
und derselben geliebten Kindern teglich in meinem
gebet bitten wolle dan es geschicht albereit und wird
Ew. Liebben allerseits die zeit meines lebens aus
meinem gebet nit kommen. Ich thuhe mich auch zum
allerfreundlichsten bedenken des zu entbotten grues
Ew. Liebben geliebten Kinder, ich bitt Ew. Liebben
wollen es von meinetwegen wider auf das beste auf-
richten, ich schick Ew. Liebben hiermit das verzeich-
nuß aller meiner lieben kinder die mir der liebe
Gott vertraut und gegeben hat; mit freundlicher bit,
Ew. Liebben wollen mir Ew. Liebben geliebter Kinder namen und alter widerumb zuschicken, Ew. Liebben hetten der entschulbigung auch nit bedorft das

3 *

mir Ew. Liebden iezund zu erzeigung Ew. Liebden geneugten treuen gemuetts nichts geschickt haben, ich laß mich wol benügen an dem fröhlichen freundlichen schreiben; das Ew. Liebden mich auch vertrösten, das gefängnis were mich nit gereuhen, darin ich mich ergeben sol, so were Ew. Liebden viel besser zu ratten gewesen das Ew. Liebden ein hübsches junges freylein gefangen hetten, als mich heßliche alte Frau. Dieweil es aber des lieben Gottes wille also sol sein, so wirb Ew. Liebden mit einer alten Frawen müssen zufrieden sein, Meine Kinder lassen Ew. Liebden wiederumb in Ehren alles liebs und guts vermelden und wollen sich mit der Fraw Mutter gefangen geben in Ew. Liebden getreuhes Hertz. Ich bit auch Ew. Liebden wollen mir ja mein schreiben nit für übel aufnehmen, dan es ist aus treuhem Hertzen geschrieben, ich hof auch ich kann es bey Ew. Liebden mit meinem nerschen schreiben nit verderben zc."

Georg sendet ihr das erbetene Verzeichniß seiner Kinder und einen Gürtel als Brautgeschenk. „Ich thue mich, antwortet sie, gantz freundlich und zum allerhöchsten bedanken von wegen des überschickten verzeichnus Ew. Liebden hertzlieben Kinder, der liebe Gott wolle sie ja vor allem unfal behütten, sie sollen mit der Zeit alle meine hertzliebe Kinder sein und bleiben dieweil ich lebe, Was den gar schönnen girttel belangen thuet so ist es gar zu ein schönnes band für eine alte heßliche Fraue, ich sag aber Ew. Liebden von Hertzen gar großen Dank darfür, es

ist nur zu stattlich und ſül für mich, ich weiß es nit
wider umb Ew. Liebden zu vergleichen, ich wils aber
von Ew. Liebden wegen behalten und auch mit der
Zeitt tragen und Ew. Liebden gefangene bleiben dieweil
ich leb. Ich ſchick Ew. Liebden hiermit ein klein ge=
benksringlein und ein gering armband, welches Ew.
Liebden freundlich von meinetwegen annemen wollen
und mehr das threue hertz anſehen als das geringe
denckzeichen, das geringe armband iſt mir lieber ge=
weſen als al mein geſchmuck, dan es iſt meines hertz=
liebſten gottſeligen herrn geweſen, ſolt auch die Zeit
meines leben nit von mir kommen, Dieweil es aber
der liebe Gott' alſo geſchickt hat, ſo hab ichs Ew.
Liebden hiermit auf threuhem Hertzen geſchickt, dan
Ew. Liebden ſol mir der liebſte auf dieſer welt ſein,
dieweil ich leb, und dancke meinem lieben Gott von
Hertzen für „den alten grawen man," der liebe Gott
wolle mir in vor allem unfal undt leib behieten die
Zeit meines lebens, Das mich Ew. Liebden auch bit=
ten, ich ſol meiner ſchweſter treuhem rath volgen, das
wil ich gerne thuen, Ew. Liebden laſſen ſich die weil
nur nit lang ſein und bekümmern ſich um nichts, Ich
bedancke mich auch zum allerfreundlichſten neben mei=
nen hertzliebſten Kindern der zuentbotten gries, bitt
zum allerfreundlichſten, Ew. Liebden wollen derſelben
geliebten Kindern wiederumb viel Liebes und Guts
vermelden."

Eleonore hatte wie ſchon erwähnt ihr formales
Jawort davon abhängig gemacht, daß ihr Bruder

Ludwig nochmals ihr dringend zu der Verbindung rathen werde. Ihr Motiv dazu war: „Dieweil sie anfänglich die sach gegen ihres Bruders Liebden ganz und gar abgeschlagen, so wolte sie nunmehr dieselbig nicht gern ohne Sr. Liebden Rath anfangen.“ Wilhelm ließ sich denn nun auch, so ärgerlich er auch über Eleonorens Benehmen und den Mißerfolg seiner Bemühungen war, endlich von Bruder Georg hierzu bestimmen, in gleichem Sinne schrieb Hedwig an ihren Bruder Ludwig, und nach zwei Monaten traf denn auch das formelle Jawort Eleonorens ein, was Wilhelm seinem ungeduldig harrenden Bruder am 17. December mit Ovids Worten zurief:

Dicite Jo Pacan et Jo Jo bis dicite Pacan
Cccidit in casses praeda petita meos.

Die Hochzeit wurde auf den 25. Mai 1589 in Darmstadt festgesetzt und sollte nur im engsten Kreise der nächsten Verwandten gefeiert werden.

Am 13. März begann Eleonore ihre Sachen nach Darmstadt zu senden und zwar machte die Hausapotheke den Anfang.

„Auf Ew. Liebden Begeren, herzallerliebster zukünftiger Herr,“ schreibt sie an Georg,“ schicke ich Ew. Liebden hiermit meine zwei apotekerinnen, die elste hab' ich darumb mit geschickt, dieweil das medlein noch etwas ungeschickt ist, das sie es in der Zeit das kan unterrichten bis ich selbst zu Ew. Liebden komme, alsban wird sie wieder hieher ziehen, dan

sie hat alte schwach Eltern, das sie nit so weit von
inen wil zihen, sonsten hett ich sie nit von mir gelassen, Ich bitt, Ew. Liebden wollen auch nit unwillig werden, das ich sie nit ehe hab naus geschickt,
dan ich die tag so viel zu thuon hab gehabt, das ich
sie nit ehe hab abfertigen können, Das Zeug, so ich
nausschicken wil, ist noch nit auf dem Wege, die
fuorleut sein noch nit wieder rein kommen, ich halt,
es macht, das jetzund messe zu Frankfort ist."

Als mehre eingeladene fürstliche Gäste sich ent=
schuldigten, tröstete Eleonore ihren Bräutigam damit:
„sie wollten den lieben reichen (Kinder) Seegen, den
ihnen der liebe Gott beiderseits gegeben, zum Bei=
stand nehmen und mit Gottes Hilff fröhlig und gu=
ter Ding darbei sein. Darzu — fährt sie fort —
hat sich ein Gast auf meiner Seitte angebotten, der
wil uns beistand leisten, aber sich nit sehen lassen,
man darf auch nichts für in zurichten oder mit im
vornemen, wie ich Ew. Liebden dan berichten will
wan uns der liebe Gott uf die bestimmte Zeit mit
freuden zusammen hilft. Ew. Liebden dürfen sich da=
rumb keine Gedanken machen, es ist nur gutte schalkeit
und alles guetts. Ich bit, Ew. Liebden wollen mir
ja mein nersch schreiben zu gut halten, dan ich heut
vor Freuden nit kan klug sein, dieweil mein Dochter
kümbt. Die Fuorleut — fährt sie fort — seindt
jetzund wieder hier, denen wil ich mein zeig vollent
alles geben bis uf das was ich in der Zeit noch
brauchen muß."

„Das Zeug — antwortet Georg — ist alhier
ankommen, welches wir sobald in verwahrung neh=
men, auch dasselbig zum Theil auspacken lassen und
ist darunter nichts sonderlichs funden, so beschedigt
oder zerbrochen gewesen, dann allein etliche wenige
Krüge und sonsten andere Ding, so dan leichtlich
wieder zu machen seindt."

Am letzten April schickte Eleonore den Rest ihrer
Ausstattung „mit zehn Karren sambt 4 Faß Zerb=
ster Bier" und „ist inen — fährt sie fort — das halbe
fuorlon erlegt worden, den 7 Karren 111 fl. 12
Btz., den andern 6 Karren 65 fl. 2 Btzen 2 Pf. sol
inen noch so vil erlegt werden. Dieweil ich den
itzund so gar fül ausgeben habe, das mir mein gelt
alles unbern Händen verschwint, so bit ich Ew. Lieb=
ben wollen mir so viel zu gefallen thuon und inen
das übrige gelt erlegen lassen, wan mir Gott mit
gesundheitt zu Ew. Liebben verhilfft wil ichs Ew.
Liebben als bald wider zustellen. Ew. Liebben wol=
len es ja nit unfreundlich von mir aufnemen, das
ich so grob bin und solches von Ew. Liebben beger
und mir in diesem freundlich wilfaren, ich wils wi=
derumb mit schuldigem gehorsam und allem freund=
lichen willen vergleichen."

Am 10. Mai trat Eleonore mit ihren 5 Söhnen
und 3 Töchtern die Reise nach Darmstadt an, welche
über Halle, Erfurt, Weimar, Gotha, Eisenach, Frie=
dewald, Friedberg und Frankfurt a. M. ging und
15 Tage währte. Von Halle aus schreibt sie den

11. Mai an Georg, der nach dem angekündigten ge=
heimnißvollen Gaste fragte, um für ihn Einrichtung
zu treffen: „Was nun den Gast belangen thut, darvon
ich Ew. Liebden geschrieben habe, darf Ew. Liebden
durchaus nichts für zu zurichten, dan ich halt in für
unsern lieben Gott, welcher uns gewiß auf unser
Hochzeit den besten Beistand leisten wil, dieweil Ew.
Liebden mir schrieb, das es gar zweifelhaftig stünde
mit den eingebetten Fremden.“

Von Frankfurt aus, wo sie das letzte Stilllager
hielt, bedankte sich Eleonore nochmals brieflich „zum
allerhöchsten und freundlichsten von wegen der stab=
lichen Bestellung der herberg und aller herrlichen und
gutter traktation und ausrichtung; sie wisse nit wie
sie die treuherzige vorsorg genugsamb verdanken solle,
den es nur gar zu gutt und zu fül gewesen,“ und
am 25. Mai fand die Vermählung in Darmstadt, im
Kreise der nächsten Verwandten, namentlich der sämmt=
lichen Kinder beider Theile aus ersten Ehen Statt.

Unter denen, die den Traualtar dieses Paares
mit stillen Segenswünschen umstanden, war auch die
fünfzehnjährige Tochter Dorothea Maria. Auch für
sie bezeichnete der feierliche Act den Anfang eines
neuen Lebensabschnitts.

———

III. —

Die Verlobung und die ersten Jahre der Ehe.

Dorothea Maria stand eben an der Schwelle der jungfräulichen Entfaltung, als sie nach Darmstadt, in den Schooß einer neuen Familie, in andere Umgebungen und Verhältnisse verpflanzt ward. Daß diese Veränderung die gedeihliche Entwickelung Dorothea Maria's nicht gestört, hat die spätere Zeit ihres Lebens und Wirkens erwiesen, und daß sie mit Dankbarkeit auch an diesen neuen Familienbanden hing, das bezeugt der lebhafte und innige Verkehr, den sie bis an ihr Ende mit dem Darmstädter Hofe treu gehegt und gepflegt hat. Die Jahre der blühenden Jugend, die sie in Darmstadt verlebte, haben jedenfalls eine frohe Erinnerung in ihr zurückgelassen. Aber sie sollten bald gegen die Freuden und Sorgen der Gattin und Mutter vertauscht werden. Schon sehr bald nach ihrer Uebersiedelung nach Darmstadt, noch im Dezember desselben Jahres 1589, meldete sich der junge Herzog Johann zu Weimar zu einem Besuche in Darmstadt an, lernte dort die 16jährige Dorothea Maria kennen und scheint sehr bald mit ihr im Stillen den Bund der Liebe für das Leben

geschlossen zu haben. Von der Innigkeit desselben
geben zwei Briefe des jungen Herzogs an die Ge=
liebte Zeugniß, die wir so glücklich gewesen sind, lose
in einem Winkel der Akten zu finden, in welche sie ohne
Zweifel nach Dorothea Maria's Tode als treu bewahrte
Denkmale der Liebe ihres verstorbenen Gemahls nie=
bergelegt worden sind. Der erste, von Weimar aus
am 14. Juli 1592, also vor der, am 29. August 1592
erfolgten, förmlichen Verlobung an die 18 jährige
Dorothea Maria von dem 22 jährigen Herzog Johann
geschrieben, zeugt von dem zwischen beiden im Stil=
len schon bestehenden Einverständnisse, und deutet auf
Schwierigkeiten und Hindernisse, mit denen sie zu
kämpfen hatten und die ohne Zweifel von dem Kanzlar
seines Bruders, D. Marcus Gerstenbergk, herrührten,
der diese Heirath, vielleicht weil er seine unbeschränkte
Herrschaft über Friedrich Wilhelm durch sie bedroht
glaubte, zu hintertreiben suchte. Der Brief lautet:

„Was Ich In Erenn Viel Liebes und Gutes
Vermag zuvorn, Hochgeborne Fürstin, Hertzallerliebste
Schwester, wann Ew. Liebden Und denn Jrigen wol
Erging an Leib gesundheit Und Allem gutenn, wär
es mihr Eine herzlich Freud zu vernehmen; mich
sollen Ew. Liebden auch noch bey gutter gesundheit
wissen. Gott der Allmechtige helffe auf beiden They=
len mit genaden. Verner hertzliebe Schwester, Ew.
Liebben wollen ja nicht unfreundlichen vermerckenn,
daß ich dieselbige nichtt Einmal besuch, denn Es gar
Keyne gelegenheit geben wil itziger zeitt, wann Ich

umher muß Von Einem ort zum Andern zihen, Izun=
der sindt wir auf der jagett Jnn der herrschaft Hen=
neberg. Wann ich nur kann abbrechen so wil Jch
nichtt underlaffen Ew. Liebden freundlichen zu be=
suchen weil Jch Izunder bin in nehe. Derowegenn
bitte Ew. Liebden zum freundblicheftenn, dieselbige
wollen Vleiffige bettenn, daß der liebe Gott wolle
Unsere sachen zum besten Enden Und wennden, da=
mit Es einmal zum Ende Kommen möchte. Solches
haben Jch nicht Underlassen können zu schreiben weil
Jch itzunder gelegenheit habe zu schreiben, Ew. Lieb=
ben wollenn Jren Zustandt mich berichten Und mihr
mitt Eygne Hand wiederumb mich beantworthen, Und
deroselben Herr Vatter Und Fraw Mutter Und Brü=
deren Allerseyts meinen freundlichenn gruß Und Alles
liebes Und gutes Werdenn, Ew. Liebden bevele Jch
Jn gottes schutz und schirmb.

Ew. Liebden Allezeit in Ehren williger
Bruder Und freundt
Johannes Hertzog zu Sachsen."

Der andere, in Altenburg den 13. September
1592, also nach der öffentlichen Verlobung geschrie=
ben, lautet aus einem ganz andern Tone:

„Mein allerliebstes hertz, wann es meinem lieben
hertz glücklich und wol Erginge, hörtte Jchs hertzlich
gerne, mir ist gott sey lob noch wol, dem Ewigen gott
sey darvor lob Und danck gesagtt, der helffe verner
mitt genaden, freundliche hertzallerliebste schwester Jch
bitte Ew. Liebden Dieselbigenn wollenn mich derosel=

bigenn zuſtandt berichten wie es meynem lieben Hertz geht, ob meyn lieb Auch Etwas noch traurig iſt wordenn ſieder unſern Verruckenn*), Ew. Liebden die wollen nicht Trauren, ſonder frolich Und gutter Ding ſein, denn Es, wils Gott, bal ſol beſſer werdenn, wann die liebgen bey Einander ſeyn werden. Ew. Liebden wollenn Bleißig betten, desgleichenn wil Ich Auch thun. Allerliebſte ſchweſter, Ich kann Ew. Lieb=den nichtt bergenn das ich Ew. Liebden fraw Mutter hab geſchriben von wegenn des framzimmers halben, hoffe Ew. Liebden wollt das beſte darbey thun das Euch ſollett gefallenn laſſen mit meinem bedencken, das zwu auf Eyren theil bekommett Ich Euch darnach Auch An=dere zuſchickenn will. Solches habe Ich meynem lieben Hertz nicht bergen wollenn Und bin Euch Alle liebe Und treue zu erzeigen willig, Und wünſche meynem Hertz Viel Tauſend gutter nacht. Der treue gott wolle Ew. Liebden bey gutter geſundheitt erhaltenn, Ew. Liebden wollenn derſelbigen Herrn Vatter Und fraw Mutter freundtlich grüſſen Und das ganze hoffgeſinde. Datum Altenburg denn 13. September Anno 92.

Mein lieb hertzes Ich thue E. L. 3 par walkichen Dr hanſchuch welſche verEhren mitt freundtlichen Bitte E. L. wollenn freundtlichen vor willen nehmen.

E L. getrewes Hertz bis In den Tod Johannes Hertzog zur Sachſen.“

---

*) D. h. ſeit meiner Abreiſe.

Am 7. Januar 1593 fand die Vermählung zu Altenburg unter all' dem festlichen Gepränge statt, das dem Stande der Verlobten nach Sitte der damaligen Zeit entsprach. Namentlich zeichnete sich darunter das im Schloßhof zu Altenburg am 9. und 10. Januar abgehaltene Ritterspiel des Ringrennens (ein Rennen zu Pferde nach Ringen) aus, das in jener schon minder gewaltsamen Zeit die Stelle der Turnierkämpfe vertrat, von denen es blos noch die Adelsprobe als Bedingung der Zulassung unverändert beibehielt. An der Spitze der bei diesem Spiele masquirt auftretenden verschiedenen Aufzüge (Inventionen) standen meistens die fürstlichen Gäste von Sachsen, von Anhalt, von Holstein und von Teschen, in Begleitung einer Reihe wohlberittener Edelleute, von Synderstedt, von Nischwitz, von Einsiedel, von Bühnau, von Friesen, von Traxdorf und von Seebach. Das schwierige und sehr anstrengende Amt der Mantenatores (Festordner) aber — denn diese mußten selbst mit allen Preisbewerbern den Ritt machen — übernahmen die Herzöge Friedrich Wilhelm und Johann, mit Hülfe einiger besonders tüchtiger Reiter aus ihrem Gefolge selbst, weil dies — wie Friedrich Wilhelm brieflich seinem Bruder bemerklich machte — den Gästen nicht wohl zuzumuthen war. Die Damen sahen von Balkonen aus zu und übergaben den Siegern die errungenen Preise ("Danke"), die für die fürstlichen Sieger in "Kränzen mit Kleinobien", für die siegenden Edelleute in Bechern bestanden. Das ganze

Hochzeitsfest zu Altenburg kostete — abgesehen von
dem ansehnlichen Verbrauche von Naturalvorräthen,
darunter nur beispielsweise 1169 Scheffel Hafer, 100
Eimer Landwein, 74 Eimer Rheinwein und 50 Eimer
alten Frankenweins genannt und die aus den For=
sten und Seen gelieferten Wildpret und Fische ange=
deutet werden mögen — an baarem Geldaufwande
35,381 fl. 19 gr. 5 pf.

In auffallendem Mißverhältnisse hierzu stand
die ständige Dotation des jungen fürstlichen Paares.
Die Mitgift der Herzogin Dorothea Maria bestand
in einem Kapital von 15000 Thlr., welche von ihrem
Gemahle durch ein Widerlagsgeld von gleichem Be=
trage auf 30000 Thlr. erhöht wurde, unter Ver=
sicherung des ganzen Kapitals auf Schloß und Amt
Eisenberg. Auch Herzog Johann war nichts weniger
als reich dotirt. Bereits in einer Uebereinkunft vom
3. Januar 1587 hatte er seinem älteren Bruder
Friedrich Wilhelm die Alleinregierung und die Re=
venüen des Landes überlassen und sich von seinem
verschwenderischen Bruder, während dieser seinem
Kanzlar Dr. Marcus Gerstenberg neben einem, für
damalige Zeit hohen, ordentlichen Gehalte wiederholte
außerordentliche Geschenke von 5—10000 fl. zuwarf,
neben einem Marstalle von 20 Pferden, nur eine
jährliche Appanage von 10,000 fl. beim Aufenthalte
im Auslande und von 6000 fl. beim Aufenthalte im
Inlande aussetzen lassen, und selbst nach seiner Ver=
lobung hatte er in einem neuen Abkommen die Allein=

regierung des Bruders bis zum Jahre 1598 erstreckt, allerdings unter etwas besseren Bedingungen, indem er nun (anstatt jener 6000 fl.) die Nutzung der Aemter Eisenberg, Altenburg und Ronneburg, von denen wenigstens die beiden letzteren für reich galten, sich ausbedang.

Dieses passive Verhalten Johann's muß in mehr als einer Beziehung auffallen. Es lag an sich schon nahe, daß, während sein Bruder Friedrich Wilhelm als Administrator der Chur Sachsen während der Unmündigkeit des Churfürsten fast all' seine Zeit, Kraft und Aufmerksamkeit diesen Pflichten zuwandte, deren Erfüllung seinem auf Pracht und Glanz gerichteten Sinne weit mehr zusagte, als die Pflege seines bescheidenen Erbes, der jüngere Bruder Johann diese letztere vorzugsweise übernahm. Ja, derselbe mußte sich hierzu in demselben Maaße verpflichtet fühlen, als er sah, daß sein Bruder durch unsinnige Verschwendung das kleine eigene Land dem Bankerott nahe brachte. Und endlich nöthigte ihn fast dazu die übermüthige geringschätzige Behandlung, die er und namentlich auch seine junge Gemahlin von des Bruders herrschsüchtigem Kanzler Gerstenberg zu erfahren hatten, der darin soweit gegangen sein soll, Dorothea Maria öffentlich eine Bettelprinzeß zu nennen. Wenn trotz all' dieser Aufforderungen Herzog Johann in seiner passiven Zurückgezogenheit verblieb, war dies jedenfalls ein Produkt seines eigenthümlichen Wesens: theils fühlte er sich wol dem schlauen, ge-

wandten und energischen Gegner Gerstenbergk nicht
gewachsen, theils war seine Natur überhaupt mehr
eine beschauliche als eine thatkräftige. Eine schon
frühzeitig hervortretende hypochondrische Körperanlage
mochte das Ihrige dazu beitragen. Johann war in
dieser Beziehung das gerade Gegentheil seines Bru=
ders Friedrich Wilhelm und darin hatte bei ihm
selbst ein vierjähriger Aufenthalt am üppigen Dres=
dener Hofe während der auf seine Entwickelung je=
denfalls sehr einflußreich gewesenen vier ersten Jüng=
lingsjahre nicht das Mindeste geändert. Er war nun
einmal weit mehr für ein im Stillen schaffendes, das
Glück im Hause und in der Familie suchendes Pri=
vatleben, als für fürstliche Repräsentation und Wirk=
samkeit nach Außen gemacht. Und hierin stimmte
er zweifelsohne völlig mit Dorothea Maria's eigener
Sinnesart überein, die bei all' der wahrhaft männ=
lichen Energie, die später so glänzend hervortreten
sollte, doch zu stiller Sammlung des Gemüths und
innigem Familienleben ganz besonders hinneigte,
gleich als schöpfe sie in dieser Stille die Kraft zu
männlichen Entschlüssen.

So verfloß denn das erste Jahrzehent dieser Ehe
in glücklichem Stillleben; — theils verschiedenen bau=
lichen und sonstigen Verschönerungen der nächsten Um=
gebung, soweit die mäßigen Mittel es gestatteten, na=
mentlich auch dem neu angelegten Lustgarten, der mit
allerlei fremden Bäumen und anderen Gewächsen,
verschiedensten Obst= und Weinsorten, durch einen be=

4

sonders abgesandten Kärrner aus dem schönen Lustgarten des Landgrafen Ludwig in Darmstadt über-
bracht, geschmückt ward, — theils der Musik, deren
Genüsse ihnen eine treffliche Hauskapelle bot, gewidmet und in ihrer Stille nur durch wechselseitige Besuche der nächsten Verwandten unterbrochen. Besonders lebhaft war erweislich der Verkehr mit der
Mutter und Schwester Dorothea Maria's zu Darmstadt, und damals, trotz aller Gerstenbergk'schen Ein-
streuungen, auch noch mit dem Schwager Friedrich
Wilhelm und seiner Gemahlin Anna Maria. Mit
letzterer stand Dorothea Maria in einem regelmäßigen Briefwechsel, der zum Theil noch aufbewahrt ist
und von dem nahen freundschaftlichen Verhältnisse
beider Familien und beider Schwägerinnen insbe-
sondere Zeugniß giebt, das in fortwährendem gegenseitigen Austausche der Familienerlebnisse, des Befin-
dens der Eheleute und der Kinder, in gegenseitigen
Zusendungen, sowie in öfteren Besuchen in Altenburg und Torgau sich kundgab.

Als ein Beispiel dieser Korrespondenz folge hier
das Schreiben Dorothea Maria's vom 19. November
1599 an Anna Maria:

„Meynen freundlichen gruß und was ich mer
aus treuem hertzen vermagk sampt wünschungk aller
glückseeligen wollfahrt an leyb und seel zuvor, hochgeborne Fürstin, freundtlich hertzliebe Frau Schwester,
ich hab aus treuen herzzen nicht unterlassen können,
die weil ich so lang kein schreiben von D. L. bekom-

men hab, dieselben mit meinen geringen schreiben zu
ersuchen, damit ich erfahren möchte wies denselben aller=
seits ergehet und daß Deine Liebden sampt derselben
herzlieben Herr und gemahl und geliebten Kindere
an leybes gesundheit und sonsten noch glücklichen und
wol und nach dem allerbesten erginge, wer mir Sol=
ches von D. L. aller Seits zu erfaren eine herßlich
große Freude. Desgleichen Sollen D. L. meinen
herßliebsten Herrn, mich, meine Schwester und Kin=
der in guter gesundheit wissen. Der liebe getreue
gott wolle ferner Seine göttliche gnade verleihen auf
beiden Teilen. Weiber, freundlich herzliebe Frau
Schwester, dieweil ich gestern schreiben von meiner
herzlieben Frau Mutter bekommen, die D. L. und
deroselben herßlieben Herrn gehören, also thue ichs
D. L. hiermit überschicken und kann D. L. auch nicht
verhalten, daß ich vergangen Donnerstages meinen
kleinen Son missen entwenen, denn mir die am krank
worten ist das ich in nicht länger an ihr hab dürfen
drinken lassen. Hoffe derhalben zu dem lieben gott,
weil er es so geschicket, es solle auch dem kleinen zum
besten gereichen den er so fein ist und drinkt. Der
liebe gott helffe weiber. Es hat mir auch mein herz-
liebster Herr befollen, D. L. von Sr. L. wegen freund=
lichen zu grissen, desgleichen bitt ich, D. L. wollen
derselben herzlieben Herrn undt Schwester meinen
freunblichen Gruß und alles liebes und guts ver=
melden und deine herßliebe Kinder von meinetwegen
kissen und habe solches D. L. aus treuem herzen nicht

4*

verhalten wollen und bin und bleibe D. L. allzeit getr. Schwester und befel D. L. hiermit in Gottes gnädigen schutz und schirm.

Datum aldenburgk d. 19. Novbr. Anno 1599.

D. L. allzeit getr. u. gantz willige Schwester bis in den Tod

Dorothea Maria H. z. Sachsen."

Aus dem Schreiben vom 2. Januar 1600:

— — „Weiter, freundlich hertzliebe Frau Schwester, hab ich mit erfreuetten gemüt aus deinen schreiben vernommen, das D. L. der liebe gott wiederum gesegnet u. wünsche sehr D. L. zu diesem gottlichen Seegen von Gott den Allmächtigen viel glück u. heil, der liebe Gott wolle D. L. stärken u. vor allem Unfall gnedigl. bewaren u. zu rechter zeit mit gnaden u. freuden entbinden u. einen frölichen anblick bescheren, das wünsche D. L. ich aus gantz getreuen herzen, Was aber mich anlanget, weiß ich D. L. noch gar nicht was darvon zu schreiben, denk, ich wil einmal ausruhen." — — —

Solch' häusliches Stillleben war selbstverständlich hauptsächlich der sorgfältigsten Erziehung der fürstlichen Kinder gewidmet, die wir im Eingange aufgezählt und die in allzurascher Aufeinanderfolge das Haus belebten.

Den ersten Elementarunterricht hatte den beiden ältesten Prinzen, Johann Ernst und Friedrich, die ihre ganze Erziehung, vom Anfang an bis zum Ende des Aufenthalts in Jena, gemeinsam erhielten, M.

Bartholomaeus Winter ertheilt. Anfänglich nur in
der Gestalt einzelner Stunden, während im Uebrigen
die Prinzen sämmtlich noch unter der unmittelbaren
elterlichen Obhut verblieben. Vom 1. Juli 1601
an begann aber eine veränderte Einrichtung. Johann
Ernst und Friedrich wurden, da sie „nunmehr annos
disciplinae zum Theil erreichet", nicht nur der Un=
terweisung, sondern auch der Erziehung des M.
Winter, als ihres „praeceptors", unter Beihülfe
des Georg Perger, als substituirten Praeceptors
„unter Winter's Anweisung und Befehl" förmlich
übergeben. Die schriftliche Instruktion, welche die bei=
den Praeceptoren für ihren Beruf erhielten, sprach
den Willen der Eltern in folgenden Hauptsätzen aus:

„Erstlichen und für allen Dingen wollen und
bevehlen wier gnediglich, das bemelte unsre lieben
Söhne die Hauptstücke christlicher lehre des deuzschen
kleinen Katechismi Lutheri mit ihrer außlegunge vol=
kömlich lernen und jedes tags neben den morgen= u.
abentgebethen ein stück davon außwendig recitiren,
auch darneben kurtze deutsche Psalmen lernen, nach
dem Gebet in ihrem gemach zu recitiren, Alle Mor=
gen nach dem gebethe soll jeder ein capittel im neuen
testament leßenn, damit sie die heilige schrift in der
jugendt anfahen zu lernen undt als den höchsten
Schatz lieb u. werth zu halten. Sonderlichen auch
soll der praeceptor sie die Son= und andere Pre=
bigttage Examiniren und befragen, was sie aus den
Predigten gemerket, damit sie darauf soviell desto

fleißiger Achtung zu haben bey Zeiten gewehnet werden mögen.

"Die Artes dicendi unnd auctores, daraus man
latinam linguam recht und eleganter, Auch nützliche
historias studieren möge, soll und wird der praeceptor mit allem treuen fleis nach gelegenheit unsrer
lieben Söhne Alters und ingenien zu rechter Zeit
anzustellen und repetiren wissen, wie wir uns dann
noch zur Zeit seinen itzigen Methodum, inmassen er
denselben zu Papyr gebracht und in Uebung hatt,
in gnaden belieben und gefallen lassen.

"Nachdem wir auch entschlossen, zu ehister gelegenheit einen qualificirten und geschickten von Adell
zu gedachter unserer geliebten Söhne Hoffmeister zu
bestellen und anzunehmen, welcher sie zu gueter Zucht
und fürstlich höfflichen Sitten, auch das sie zu allerley
ehrlichen Exercitiis gewehnet werdenn möchten, in-
formiren und anhalten soll, Als soll inmittelst der
Praeceptor ihme solche informationem morum auch
mit fleis angelegen sein lassen, undt das ermelte unsere Söhne in geberden, sie gehen, stehen oder sitzen,
über der Mahlzeit und sonsten, sich fein züchtig, tapf-
fer und ansehnlich verhalten lernen, treulich unterrichten und vermahnen, insonderheit aber soll er darauf sehen und gute Achtung haben, das sie nicht fluchen unzüchtige leichtfertige unwahrhafftige redenn gebrauchen lernen, auch für zornige und zänkische sachen
sich hüeten und dagegen sich gütigkeit und sanftmuth
gegen menniglichen erzeigen und mit übrigen trinken

nicht beladen noch mit unordentlichen leutten oder
andern vergnügungen beschweren oder mit messern
und andern umbgehen, damit Sie Ihnen können schaden zuefuegenn.

„Kurz vor zehen Uhr, ehe wier zur tafell gehen,
soll sie der praeceptor in unser gemach führen, damit sie uns ansprechen und guten morgen geben können, So soll er sie auch jederzeit, wenn sie Mahlzeit
gehalten, in den Saal oder Taffelstuben führen und
sie, bis wier uffstehen, ufwarten lassen, Wann aber
frembde Herrschaft ankömbt, soll er sich bei uns sonderbaren bescheids erholen, wie sie sich im empfahen
und anderem erzeigen sollen. Sie sollen auch zu keiner Zeit mit den andern Knaben alleine gelassen
werden noch aus ihrem gemach allein gehen ohne
des praeceptoris beisein" (eine Bestimmung, gegen
welche, als undurchführbar, Winter schriftlich Vorstellung that).

„Des Abends und Morgens sollen sie sich mit
Waschen des mundes und der Hende reiniglichen halten, nicht weniger als mit der kleidunge.

„Damit auch gedachte unsre lieben Söhne neben
den studiis ihre Recreation und Kurzweil haben mögen, So wollen wir nach gelegenheit der zeit, wie
dieselbigen gehalten werden sollen, jederzeit Anordnung machen, darnach sich der praeceptor in an-
stellung derselben zu richten haben soll.

„Da sich auch nach göttlichen Willen einige

schwachheit oder Jchtwas anders, das uns zu wissen
von nöthen, mit einem oder dem andern zutragen
solte, davon soll uns der praeceptor unverzüglich
bericht thun, undt unsres bescheibs gewartten.

„Zue rechter Zeit sollen Sie zu Bette gehen und
wieder auffstehen und am natürlichen schlaf nichts ab=
brechen und nichts vorhaltten, was Ihnen der natur
halben von nöthen, wie dann beneben dem praccep-
tor in ihrer cammer liegen sollen N. N., welche des
nachts ein= oder zweymal auffstehen und zusehen das
sie nicht blos und aufgedeckt liegen, darumb sie denn
Nachtlicht halten sollen.

„Do sie auch in moribus oder studiis nicht thun,
was Ihnen angezeigt, undt sich uf erinnerunge und
bedrawunge nicht bessern, So soll wieder Sie gebür=
liche züchtigung und castigation mit zimlicher mas=
sen gebraucht werden, so oft es von nöthen sein
wirdet.

„Ihnn Ihr gemach soll niemandes geführet noch
gelassen werden, der nicht hinein geordnet, ohne unsern befehl, es were denn unsrer Räthe einer.

„So soll Auch kein Spieß um geldt, noch zutrin=
ken undt gasterey darinnen gehalten oder vonn sachen
geredt, die ihnen zu wissen unnöthig, domit kein
böse exempel gegeben werden.

„Endlichen soll auch der praeceptor mit allem
treuen fleiß uffsehen, domit unsere lieben Söhne ahn
leibes gesundtheit kein schaden empfahen, und ahn

fürstlichen tugenden und christlicher lehre in ihren
studiis teglich zunehmen und viell frucht schaffen,
Alles zur ehre Gottes und ihrem selbst eigen Heill
und Wohlfahrt, damit sie zur Zeit nach Gottes Willen christlich und fromme Regenten geben."

IV.

Die Theilung des Landes; das Ende des Vaters.

Die Jahre, welche nun folgten, brachten eine
größere Bewegung in das zeitherige Stillleben Jo=
hanns, aber jedenfalls auch viele unangenehme Be=
rührungen und schmerzliche Empfindungen. Da sie
in den Regentschaftsrechten und Regentenhandlungen
Herzog Johann's ihren Grund hatten, so dürfen wir
sie jedenfalls nur kurz berühren, die ausführliche
Behandlung einem Biographen Johann's überlassend.
Aber ganz unerwähnt können wir sie darum nicht
lassen, weil sie jedenfalls auch auf Dorothea Maria
zurückwirkten, die ohne Zweifel unter Dem, was dem
Gemahle Widriges widerfuhr, umso mehr mit litt, je
mehr wir annehmen müssen, daß die reizbare und hypo=
chondrische Natur desselben seine nächste Umgebung
Freud und Leid in erhöhtem Maße mitempfinden ließ.
Die Zeit der verabredeten Landesregierung
Friedrich Wilhelms in beider Brüder Namen war
nämlich i. J. 1598 abgelaufen und es sollte nun
wirklich zur Landestheilung zwischen Friedrich Wil=
helm und Johann kommen. Dies, an sich schon
leicht zu Differenzen führende, Geschäft nun wurde

durch Gerstenbergks Intriguen und dadurch noch er-
schwert und verwickelt, daß außer den Räthen und
landschaftlichen Deputirten auch der Schwiegervater
Friedrich Wilhelms, Philipp Ludwig von Pfalz-Neuburg, und der Landgraf Ludwig der Aeltere von
Hessen-Darmstadt als Beistände mit hineingezogen
wurden und daß Friedrich Wilhelm Prätensionen
machte, die eines gerechten Grundes entbehrten. Endlich, im Jahre 1602, waren die Verhandlungen so
weit gediehen, daß im Juli der Theilungsreceß von
beiden Brüdern vollzogen werden sollte. Da starb
plötzlich Herzog Friedrich Wilhelm am 7. Juli 1602.

Nun fingen die Schwierigkeiten von Neuem an
und zwar in um so höherem Maße, als es sich
jetzt noch dazu um Vertretung der Rechte der unmündigen Söhne Friedrich Wilhelms handelte und
als Johann, dessen Interesse dem ihrigen gegenüber stand, selbst ihr Vormund war. Da die beiden Fürsten, welche Friedrich Wilhelm neben seinem Bruder zu Mitvormündern testamentarisch eingesetzt hatte, Philipp Ludwig von Pfalz-Neuburg
und Landgraf Moritz von Hessen-Kassel, noch vor
Friedrich Wilhelms Tode deprecirt hatten, leitete
Gerstenbergk, dem Churhause Sachsen stets sehr ergeben und dafür auch bald in chursächsische Dienste
gezogen, die Bestimmung Friedrich Wilhelms noch
auf dessen Todtenbette dahin, daß neben Herzog Johann der Churfürst Christian II. zum Mitvormund
ernannt wurde. Und trotzdem, daß der Großvater

der Unmündigen, der Pfalzgraf von Neuburg, die Mitvormundschaft abgelehnt hatte, nahm auch er, theils durch Bevollmächtigte theils in Person, an dem Erbsonderungsgeschäfte Theil, das nun wieder von vorn begonnen und auf umständliche Werthsermittelungen gegründet werden mußte. Das ganze Land ward in zwei möglichst gleiche Theile getheilt, einen Weimarischen und einen Altenburgischen. Der Oheim „theelte, die Neffen wählten," wie das deutsche Rechtssprüchwort sagt; für die Unmündigen wählten die chursächsischen Bevollmächtigten. Sie wählten den Altenburgischen Theil, welcher zwar nur auf 44,604 fl. 2 gr. Ertrag veranschlagt war gegenüber einem Ertrage des Weimarischen Antheils von 45,661 fl. 19 gr., gleichwol aber entschieden der wohlhabendere und einträglichere und jedenfalls besser arrondirt war. Auch dies konnte Herzog Johann nicht zwar von Rechtswegen verletzen, wohl aber verstimmen.

Der Weimarische Landestheil, der somit Johann und seinen Nachkommen zufiel — ein Vertrag vom 13. November 1603 setzte das Einzelne der ganzen Theilung fest — umfaßte die Städte Weimar, Jena, Lobeda, Buttstedt, Buttelstedt, Rastenberg, Neumark, Magdala, Friedrichsroda und Königsberg und die Aemter Weimar, Jena, Burgau, Kapellendorf, Ringleben, Ichtershausen, Wachsenburg, Reinhardtsbrunn, Georgenthal, Schwarzwald, Königsberg und Oldisleben. Der Antheil an der Grafschaft Henneberg, die erfurtischen Pfandämter Mühlberg

und Tonndorf, die Münze in Saalfeld, der Wein-
wachs in den Aemtern Jena und Burgau, und das
Thüringische Geleite blieben ebenso gemeinsam wie
die Universiät Jena und die Reichs- und Kreisan-
gelegenheiten, Hofgericht und Schöppenstuhl in Jena
und das Consistorium.

Während die Witwe und die Kinder Friedrich
Wilhelms Weimar mit Altenburg vertauschten, sie-
delte Johann mit seiner Familie nach Weimar über,
und setzte hier, insoweit nicht die nunmehr ihm ob-
liegenden Regierungsgeschäfte des kleinen Landes die
Stille unterbrachen, allem Anscheine nach das zurück-
gezogene Leben fort, das seiner durch die Begebnisse
der letzten Jahre jedenfalls mehr und mehr gestei-
gerten Hypochondrie jetzt erst recht zusagen mochte.
Wenigstens liegt uns nicht das mindeste Begebniß
vor, das aus dieser ruhigen Oberfläche emportauchte.
Die Erziehung der Kinder war wiederum der Punkt,
um den sich die Sorge der Eltern hauptsächlich be-
wegt haben mag und über welchen schriftliche Nachrichten uns aufbewahrt geblieben sind.

Je mehr sich der älteste Sohn Johann Ernst
d. J. (geb. 21. Febr. 1594) dem 12. Lebensjahre
näherte, bereiteten die Eltern in der zweiten Hälfte
des Jahres 1605 den schon in der Instruktion von
1601 in Aussicht genommenen Schritt vor: anstatt
des bloßen Praeceptors und seines Substituten sollten die beiden ältesten Prinzen vom 1. Januar 1606
an — so entsprach es wol der Sitte der Höfe schon

in damaliger Zeit — neben dem Präceptor, dessen
Instruktion nunmehr im Wesentlichen auf die Unter-
richtsertheilung sich reducirte, einen Hofmeister in der
Person Friedrichs v. Cospott erhalten, welchem
hauptsächlich die Aufsicht auf das Verhalten und die
Fürsorge für das körperliche und sittliche Gedeihen
der Prinzen fast mit denselben Worten zur Pflicht
gemacht ward, wie sie bisher dem Präceptor Winter mit obgelegen hatte. Daneben sollte der Hofmeister und Rath v. Cospott — während Winter
Schule hielt — „in der fürstlichen Canzley und Raths-
stubenn den sachen und hendeln, so teglichen darinnen
fürfallen, neben anderen verordneten Räthen beywoh-
nen, die erwegen, bedenken und verrichten, die vor-
beschiedene Partheien verhören und solche der Billigkeit und rechten gemeß entscheiden und verabschieden
helfen.“

Es trat nun auch eine räumliche Veränderung
ein. „Der mehreren Bequemlichkeit willen und damit einer den andern in studiis und in moribus
nicht hindere,“ da die jüngeren nicht zu lang über
den Büchern sitzen sollten, sollten die beiden älteren
„in der neuerbaueten schnell das eine gemach zu rechten, die jüngeren aber, als Herzog Wilhelm, Albrecht und Johann Friedrich, das andere Gemach
zur linken hand innehaben und jedem von ihnen eines der darin zugerichten schreibestüblein eingeräumt
werden, also seine Bücher und anderes fein
ordentlich aufzustellen sei, damit es im ganzen ge-

mach besto reinlicher und sauberer gehalten werden könne."

Auch jetzt noch währte die strenge Aufsicht, welche die Prinzen nie, weder in noch außerhalb ihrer Zimmer, allein ließ, unverändert fort. Für diese Abgeschiedenheit ihnen einigen Ersatz zu gewähren, waren offenbar die vier Edelknaben mit bestimmt, welche, wie zeither schon, so auch jetzt und ferner noch mit den Prinzen förmlich auferzogen wurden, Hans von Sautersleben, Dittrich Wilhelm von Friesen, Achatius von Wagkwitz und Balthasar von Bock. Sie nahmen von ihrem ersten Eintritt an eine eigenthümliche Doppelstellung ein. Einerseits erhielten sie, wenn auch in entschieden beschränkterem Umfange als die Prinzen, Unterricht. „Von dem Präceptor" (heißt es in der Instruktion) „sollen etliche auß den edelen Knaben mit instruirt, die anderen aber von demjenigen, so sonderlich dazu verordnet ist, im Rechnen und Schreiben unterwiesen werden." Falls sie aber an dem Unterricht nicht Theil nahmen, sollten sie „an ihrem ort still sitzen, sich selbst üben und also die Prinzen weder durch unordentliches Umblauffen noch in andere weg irre machen." Dabei waren sie auch die Gespielen und Gefährten der Prinzen in ihrer einförmigen Abgeschiedenheit; namentlich sollten sie auch abwechselnd mit den Prinzen ausreiten, um auch ihrerseits im Reiten geübt zu werden. Andrerseits aber mußten sie dieselben auch bedienen, und zwar war — wie es scheint — jedem

der Prinzen, der älteren wenigstens, ein bestimmter
Edelknabe für diesen Zweck zugetheilt. Es heißt in der
Instruktion: „Ueberdies soll ein jeder Knab seines Herrn
Kleidung und anderes, so er in Verwahrung hatt,
abends und morgens mit Fleiß außkehren und hierin
seines ihm bevolenen ambts treulich wahrnehmen."
„Morgens frühe, wenn sie der Herren Kleider zurecht
gelegt, und Abends, wenn die Herren zu bett gegangen,"
sollten die Edelknaben sämmtlich vor den Tisch treten
und einer von ihnen das Gebet sprechen.

Die tägliche Lebensweise der Prinzen war fol=
gendermaaßen vorgeschrieben: Früh mußten sie, im
Winter um 7, im Sommer um 6 Uhr, „im Namen
der heiligen Dreifaltigkeit" aufstehen, Abends um 9
Uhr mit derselben Andacht sich niederlegen. Wäh=
rend des Ankleidens mußte ein Edelknabe ein Gebet
aus dem Avenarius (einem Gebetbuche der damaligen
Zeit) vorlesen. „Wenn sie nun sich angezogen, den
mund außgewaschen und die Kolben auffgerieben, soll=
ten sie mit gefalteten Henden fein züchtig und an=
fänglich bethen: „Das wald Gott der Vater" und
den Morgenseegen dazu sprechen, eine Reihe ande=
rer Gebete recitiren und anbächtiglich bethen, hierauf
ein warm süpplein zu sich nehmen und sodann ein
Stück aus der Hauspostille ablesen hören."

Von nun an unterschied sich die Lebensweise
Sonntags und an anderen Tagen. War es Sonn=
tag und es war Zeit zur Predigt zu gehen gewor=
den, so sollten sie in das Gemach des Vaters treten,

einen guten Morgen wünschen und ihn zur Predigt
begleiten, nach der Predigt aber die Frau Mutter
auch ansprechen, sodann wieder in die Schule geführet und sammt den Edelknaben über die angehörte
Predigt, namentlich über die Dispositionen und die
vorgekommenen Sprüche, examinirt werden. Um
10 Uhr sollten sich „die beiden ältesten in das Ge=
Gemach des Vaters begeben, mit ihm Tafel halten
und dabei im Essen und Trinken fein mäßig, sittig
und höflich sich erzeigen.“ Die Kleineren dagegen
wurden in ihr Gemach zurückgeführt und dort „zur
Zucht und fürstlichen höflichen Sitten und stillsitzen
erinnert,“ nach vollendeter Malzeit aber auch in des
Vaters Gemach geführt. Von da gingen sie mit den
älteren zur Schule zurück, wo ihnen ein Kapitel aus
der Bibel vorgelesen ward. Nun kamen „nach Ge=
legenheit der Zeit und des Wetters“ die körperlichen
Uebungen und Vergnügungen an die Reihe, als:
Spazierengehen, Reiten, Fahren, Wandschießen, Fech=
ten und andere derartige Uebungen. Zur Abendmahl=
zeit des Herzogs sollte wiederum einer der Prinzen
gezogen werden, nach derselben sich beurlauben und
der Frau Mutter gute Nacht geben. Um 8 Uhr
wurde ein Kapitel aus dem neuen Testamente von
einem der Edelknaben gelesen, um 9 Uhr mußten sie
sämmtlich vor den Tisch treten, den Abendseegen,
die 6 Hauptstücke des Katechismus und eine Reihe
bestimmter Gebete sprechen. Darauf sollten die
Edelknaben sie ausziehen, sie selbst sich waschen, sich

5

„fein züchtig und andächtig" zubettlegen und mit gebet einschlafen.

An Wochentagen fielen selbstverständlich die Pre= digten weg und trat dagegen der Unterricht Vor= und Nachmittags ein, der natürlich nach den verschie= benen Altersklassen der Prinzen verschieden bemessen, für jeden Tag der Woche aber durch einen, der In= struktion angehängten, Stundenplan auf das Genaueste bestimmt war. Während neben dem auf allen Stu= fen sehr ausgedehnten Religionsunterrichte die jüng= sten Prinzen, Albrecht und Johann Friedrich, die erste Sprosse der Wissenschaft durch Uebung im Buch= stabiren, Lesen und Auswendiglernen etlicher Vocabula erklommen und Herzog Wilhelm zum Schreiben angehalten wurde, gingen die Prinzen Johann Ernst und Friedrich schon zur Arithmetik über und stubir= ten daneben hauptsächlich die lateinische und deutsche Sprache, in ersterer, schon jetzt mit Rücksicht auf ihren fürstlichen Beruf, u. A. die Aurea dogmata politica Ludovici Francorum regis ad Philippum, „weilln sie fein kurz und personam principis concerniren."

Am Schlusse jedes Halbjahrs sollte ein mit den Prinzen im Beiseyn der Räthe angestelltes Examen Nachweis von den Fortschritten der ersteren geben. In der That fanden diese feierlichen halbjährlichen Prü= fungen auch wirklich Statt und schloßen jedesmal mit einer lateinischen Ansprache des Kanzlars, in welcher er die jungen Fürstensöhne zu fernerem Ei= fer im Lernen ermahnte.

Die ganze Instruktion, ein würdiges Denkmal wie der Sitte und Anschauungsweise jener Zeit so der redlichsten väterlichen und fürstlichen Fürsorge dafür, daß die Erziehung der Söhne ihrem öffentlichen wie ihrem menschlichen Berufe wohlangepaßt werde, sprach dieses Ziel mit folgenden bezeichnenden Worten aus: „Nächst Beförderung der ehre Gottes, ausbreitung seines reinen unverfälschten worttes uud unserer lande und leutte wohlfahrt liegt Uns billig nichts höher und mehr an, denn das unsere von dem Allmächtigen uns bescherte geliebte Söhn und fürstlich junge Kinder in studiis und moribus christlich, fürstlich und wohl auferzogen werden und zu Schutz der heiligen christlichen Kirche, unserem eigenen Trost und Erfreuung unsrer unterthanen in der Furcht des Herrn und allen fürstlichen Tugenden stetigt wachsen mögen."

Aber den wirklichen Beginn dieses neuen, von ihm selbst noch geordneten, Abschnitts in der Erziehung seiner Söhne sollte Herzog Johann nicht mehr erleben. Schon während der ganzen Ehe muß er oft krank gewesen seyn. Die Briefe Dorothea Maria's an die Schwägerin Anna Maria thun häufige Erwähnung nicht nur von ihrem eigenen, wol durch zu häufige Wochenbetten erzeugten, Leiden, daß sie das Fahren noch nicht vertragen könne, daß „ihr kopf noch nicht gar zu rasch sei," sondern auch von der leidenden Gesundheit ihres Gemahls, „daß er so wieder seine Beschwerungk habe und nicht reisen dürfe," „daß er so große beschwerung an kopf habe und Nachts gar übel schlafe, was auch wol dadurch vermehrt worden, daß er sich nicht gar still halte." Im Sommer 1600 muß Herzog Johann schwer krank gewesen seyn, denn Dorothea Maria wehrt in einem Schreiben an den Schwager Friedrich Wilhelm, der ihm einen Baumeister zusenden wollte, dessen Anherkunft ab, weil dies ihren Gemahl zu sehr beschäftigen und wieder kränker machen werde, und entschuldigt die Kürze ihres Schreibens damit, daß „sie noch zur Zeit nicht wol bey ihrem Hertzlieben Herrn abkommen könne." Im Jahr 1605 aber, wahrscheinlich gesteigert durch die vielfachen Gemüthsaufregungen der letzten Jahre, nahm das Uebelbefinden eine schlimmere Wendung. Nach achttägiger Krankheit, deren Sitz die Aerzte in der Milz suchten und während welcher Dorothea Maria — nach der Erzählung eines Zeitgenossen — den geliebten Gatten ohne Aufhören Tag und Nacht, ihres eigenen damaligen hoffnungsvollen Zustandes ungeachtet „solche Treue und Wartung erwieß, daß kein Mann unter Dienern und Aerzten dergleichen außstehen können und man fast so sehr für ihre als für ihres Gemahls Leben und Gesundheit Sorge tragen müsse," starb Herzog Johann am 31. Oktober 1605, Mittags 11 Uhr, zu Weimar, im 36. Lebensjahre. Der ganze Schmerz, die ganze Schwere der Aufgabe, welche nun der zarten Witwe Dorothea Maria zufiel, spricht sich in den einfachen Worten des Annalisten Müller aus:

„Die Gemahlin hinterließ er mit gesegnetem Leibe und hierüber noch mit acht jungen Herrlein, deren das älteste in das eilffte*) Jahr gangen."

---

*) Der Annalist irrt sich im Lebensalter des ältesten Prinzen Johann Ernst, der am 21. Febr. 1594 geboren war, folglich im Oktober 1605 „in das 12te Lebensjahr ging."

Der Streit um die Vormundschaft und der Altenburger Präcedenzstreit.

Kaum war Herzog Johann's Lippen der letzte Athemzug entflohen, noch waren seine sterblichen Ueberreste nicht zur letzten Ruhestätte getragen, so begannen schon die Kämpfe, die seiner Wittwe harreten.

Zwei Fürsten suchten die Vormundschaft über ihre Söhne zu erlangen: der Churfürst Christian II. zu Sachsen, und der Herzog Johann Casimir zu Koburg. Der letztere war der nächste Agnat; mit ihm, dem Sohne Johann Friedrich's des Mittleren, hatten Johann's Söhne denselben gemeinsamen Stammvater in der Person Johann Friedrich's des Großmüthigen, während sie ihren, mit dem Churfürsten Christian gemeinsamen, Stammvater viel höher im Stammbaume, in dem Vater der Herzöge Ernst und Albert, dem Churfürsten Friedrich dem Sanftmüthigen zu suchen hatten. Aber der Churfürst Christian II. behauptete: nicht die Eigenschaft des nächsten Agnaten als solche, blos um der Nähe des Verwandtschaftsgrades willen, könne für sich den Vorzug bei der Bewerbung um die Vormundschaft in Anspruch nehmen, der ent=

scheidende Punkt liege vielmehr in der Frage: wer die
nächste Anwartschaft auf Succession in Herzog
Johanns Lande und folglich das nächste Interesse an
der Verwaltung des Successionsobjekts habe? Diese
nächste Anwartschaft aber war allerdings dem Chur=
hause nicht abzusprechen. Hatte doch Johann Friedrich
der Mittlere (Johann Casimir's Vater) durch seine un=
glückseelige Verwickelung in die Grumbach'schen Händel
den Nachtheil für seine Nachkommenschaft herbeigeführt,
daß Kaiser Maximilian II. dem Churfürsten August zu
Sachsen, zum Danke für die Vollstreckung der Acht gegen
Johann Friedrich den Mittleren, in einem Gnadenbriefe
den Vorzug vor des Ebengenannten Nachkommen bei der
Succession in seines Bruders Johann Wilhelm's Lande
verlieh.

Wie verhielt sich nun Dorothea Maria diesen
beiden Bewerbern gegenüber?

Mit dem Herzog Johann Casimir hatte Johann
und seine Familie bis dahin in augenscheinlich nahem
Freundschaftsverhältnisse gestanden, das durch oft=
måliges Beisammensein gefestigt worden war. Gegen
eine Vormundschaftsverwaltung durch Chursachsen da=
gegen mußten in ihr verschiedene Vorgänge sprechen,
die noch in frischem Gedächtnisse waren. Auch wenn
man Thatsachen älteren Datums, wie z. B. das Ver=
fahren des Churfürsten Moritz gegen Johann Fried=
rich den Großmüthigen und die Vortheile, die Chur=
fürst August aus der Achtsvollstreckung gegen Johann
Friedrich den Mittleren zog, nicht wieder im Ge=

dächtniſſe erneuern wollte; unvergeſſen war jedenfalls noch die Art, wie Churfürſt Auguſt, damals auf ſeine Eigenſchaft als nächſter Agnat, alſo auf das entgegengeſetzte Prinzip, geſtützt, in die Vormundſchaft über Johann Wilhelm's Söhne gegen deſſen Teſtament ſich einzudrängen wußte, wie er während dieſer Vormund= ſchaft zum Schrecken des ganzen Landes verfahren war, wie er dieſelbe, namentlich auch in der Henneberg'ſchen Erbſchaftsſache, zum Vortheile des neuen Churhauſes zu benutzen und rechtswidrig zu verlängern gewußt hatte. Und in den letzten Lebensjahren Johann's war noch ein neuer Grund des Mißtrauens gegen das Churhaus hinzu= getreten in Folge der Stellung, welche daſſelbe in dem damals eben ausgebrochenen Streite zwiſchen den herzog= lichen Häuſern zu Weimar und Altenburg, dem ſoge= nannten Altenburger Präcedenzſtreite, einnahm. Bei der großen Wichtigkeit, welche damals dieſem Streite beigelegt ward, der die Wittwe Dorothea Maria nicht nur jetzt des ſonſt ſo freundſchaftlichen Verhältniſſes zur Fa= milie ihres Schwagers in Altenburg beraubte, ſondern ihr ganzes Leben lang unausgeſetzt in ſorgenvoller Thä= tigkeit erhielt, wird es nöthig ſein, den Gegenſtand deſſel= ben hier, wenn auch in Kürze nur, zu erwähnen.

An und für ſich war dieſer Streit nur und brauchte er nur zu ſein ein Rangſtreit: ob nämlich den un= mündigen Söhnen Friedrich Wilhelm's zu Altenburg der Vorrang „im Gehen, Sitzen, Stimmen und dergl. Actibus" vor den unmündigen Weimariſchen Prinzen, den Söhnen Johann's, gebühre? Aber unwillkührlich

ward die folgenreichere Successionsfrage mit hin=
eingemischt: ob die Altenburgische Linie, weil vom
älteren Sohne Johann Wilhelm's abstammend, ein
näheres Recht auf die Succession in die Chur Sachsen
für sich in Anspruch zu nehmen habe, als die jüngere,
vom Herzog Johann abstammende Weimarische Linie?

Weimarischer Seits behauptete man: die Für=
sten beider, einander sonst völlig gleichstehender, Linien
hätten unter einander nach dem Lebensalter der einzel=
nen Prinzen zu rangiren; Altenburgischer Seits da=
gegen wollte man diese Gleichstellung nicht gelten lassen,
sondern nahm für die ganze Altenburger Linie, als
die Linie des erstgebornen Sohns, einen Vorrang
in Anspruch und stützte ihn auf den Vorzug, wel=
cher derselben bei der Succession in die Chur
Sachsen nach Vorschrift der goldenen Bulle zustehe.

Solange neben Friedrich Wilhelm's Söhnen ihr
Oheim Johann selbst noch lebte, war der Streit ver=
tagt worden. Da Johann selbst Mitvormund seiner
Neffen war, gab die Unterschrift von Urkunden ꝛc.
keinen Anstoß, indem Johann jederzeit allein (für sich
und seine Mündel) unterschrieb und im persönlichen
Zusammensein ergab es sich wol von selbst, daß die
Mündel ihrem Vormund den Vorrang zugestanden;
in den kaiserlichen Lehnbriefen aber wurde das Aus=
kunftsmittel des Alternirens getroffen. Wo aber den=
noch ein Anlaß zu einer Collision sich zeigen mochte,
mußte es als sachgemäß erscheinen, daß während der
Vormundschaft jeder Streit zwischen Vormund und

Mündeln ausgeseßt blieb. Man beschränkte sich darauf, die beiderseitigen Rechte zu wahren. Aber schon
bei diesen Verhandlungen hatte Churfürst Christian II.
auf das Entschiedenste sich auf Seiten der Altenburger Ansichten und Ansprüche gestellt und man hatte in
Weimar Grund genug zu fürchten, daß in dieser Richtung sich nicht das Mindeste werde ändern lassen.
Wie sehr nämlich auch der Vater der unmündigen
Altenburger Prinzen, Herzog Friedrich Wilhelm, während seiner vormundschaftlichen Verwaltung der Chur
Sachsen durch sein wenig maaß- und rücksichtsvolles
ja durch gewaltsames Umwälzen dessen, was der
leßte Churfürst, der Vater des jeßigen, in religiöser
Richtung eingeführt, sich bei leßterem unmöglich ein
dankbares Andenken erworben haben konnte, hatte er
doch ohne allen Zweifel durch eben diese Verfahrungs-
weise den sächsischen Adel, dessen Werkzeug er hierbei
war, entschieden für sich gewonnen, auch sonst wol
denselben durch seine glänzende Persönlichkeit und
Lebensweise, durch seine Verschwendung selbst, mächtig an sich gezogen und sich verpflichtet. Bei dem großen, fast unwiderstehlichen Einflusse, den der sächsische Adel auf die Regierung eines wenig selbststän-
digen und energischen Churfürsten, wie Christian II
und noch mehr Johann Georg, hatte, mußte dies von großem Vortheil für Friedrich Wilhelms Hinterlassene
sein, während Johann's Wittwe und Söhne auf keinerlei Beziehungen zum sächsischen Adel Hoffnungen
gründen konnten.

Dorothea Maria mußte daher dem Streite mit
Altenburg beim Tode ihres Gemahls mit umso grö=
ßerer Sorge entgegenblicken, als einerseits dadurch
ihr Verhältniß zu nahen Verwandten voraussichtlich
von Neuem und zunehmend getrübt, und andrerseits der
Fürst, der zeither schon als entschiedener Widersacher der
Weimarischen Ansprüche aufgetreten war, selbst Vor=
mund ihrer Kinder werden und also auch in diesem
Punkte ihre Vertretung in die Hand nehmen wollte.
In Weimar mußte nach alledem die Vormundschafts=
führung Johann Casimir's erwünschter als die des
Churfürsten sein.

Noch war nach Koburg nur erst die Kunde von
der Erkrankung Johann's gedrungen, als Johann
Casimir einen Lakai mit einem Briefe an die Her=
zogin Dorothea Maria sandte, in welchem er um
nähere Nachrichten über das Befinden des Herzogs
bat und seinen vetterlichen Beistand anbot. Aber als
dieser Bote in Weimar anlangte, war Herzog Johann
bereits todt und der Churfürst Christian II. hatte
schneller gehandelt. Ehe noch Johann Casimir's Bote
mit der Todesnachricht nach Koburg zurückgekehrt
sein konnte, hatte Christian II. bereits (am 6. No=
vember) durch seine nach Weimar entsandten Bevoll=
mächtigten sich daselbst in den Besitz der Vormund=
schaft gesetzt und dies durch ein Patent erklärt, wel=
ches neben den chursächsischen Bevollmächtigten Esaias
und Schweipoldt von Brandenstein, Kaspar von Schön=
bergk und Hans von Cantersleben, auch die Wei=

marischen Räthe Wolfgang Spelt, H. M. von Wittern, F. von Kospoth und D. Schneider vollzogen
hatten. Später behauptete Johann Casimir in einem
Schreiben an Dorothea Maria (vom 15. November),
es sei dies mit Weimars Vorbewußt, Zuthun und
Beihülfe geschehen; „noch vor dem Absterben seyen
die Posten sehr hin und wieder gangenn, und des
Churfürsten Verordnete haben in der Nähe daruff
gewarttet, darzu ihnen von Weymar aus Guzschen
entgegengeschicket und sei alles sonder Zweiffell zuvorn
zu seiner Ausschließunge angestellt wordenn." Es würde
dies, wenn es wirklich geschehen, mit der Behaup-
tung des Annalisten Müller übereinstimmen, daß Dorothea Maria den Churfürsten selbst um Uebernahme der
Vormundschaft gebeten habe. Allein hiervon enthalten,
sowie überhaupt von einer Kollusion Weimars mit den
chursächsischen Vorschritten, die Akten wenigstens nichts.
Der Eindruck, der sich uns beim Lesen derselben auf-
gedrungen, ist vielmehr, soweit die damals sehr dürf-
tig geführten Akten, in welche überdies die geheim-
sten Dinge schwerlich niedergelegt worden sind, überhaupt einen richtigen Eindruck gewähren können, —
der gewesen: daß man in Weimar die Koburg'sche
Vormundschaft viel lieber gesehen hätte, sich aber nicht
getraute, dem churfürstlichen Hofe durch offene Par-
teinahme für Johann Casimir entgegen zu treten, da
man bei offenem Widerstreit gegen den Churfürsten
von dessen mächtigem Einflusse bei des Kaisers Majestät zu große Nachtheile fürchtete, denn — wie die

Akten sagen — war es damals eine bekannte Sache, daß in allen sächsischen Angelegenheiten nichts vom Kaiser geschah ohne vorgängigen Beirath und Gutheißung des Churfürsten, der als das Haupt des Gesammthauses Sachsen angesehen ward und dem seine churfürstliche Würde in jener Zeit noch ein Ansehen und einen Einfluß gab, davon man sich heutzutage selten eine richtige Vorstellung macht.

Die Besitzergreifung der vormundschaftlichen Regierung in Weimar von Seiten Churfürst Christian's II. war also bereits eine vollendete Thatsache, als Johann Casimir die erste Nachricht vom Tode Johann's erhielt. Alsbald sandte er seinen Amtmann Albrecht von Steinau, genannt Steinrück, nach Weimar mit einem Schreiben an die Herzogin Wittwe und einem andern an die Räthe, worin er sein Beileid aussprach und bedauerte, „wegen fürgefallener Behinderung nicht selbst kommen und der hinterlassenen Wittwe und jungen Herrschaft mit Trost und Hülfe beispringen zu können." Zugleich war Steinau aber auch nach Inhalt seiner offenen Instruktion beauftragt, „vornehmlich mit guter Bescheidenheit sich zu erkundigen, ob des seel. Vettern Liebden ein Testament oder letzten Willen ufgerichtet, ob Sie darinnen auch Seiner erwehnet und welcher gestalt, desgleichen wer Er. Liebden unmündigen Söhnen zum Vormund verordnet sei. Wenn er keine gewisse Antwort erhalte, solle er sich zwar in keinen weitläuftigen Disputat einlassen, doch aber andeuten, wie sein Herr alle Ur-

fache habe, darnach zu fragen, indem nach der Erb=
verbrüderung die Testamente ohne allen Eintrag ge=
handhabt werden sollten, überdies der der churfürst=
lichen Linie ertheilte Vortheil in der Succession aus=
drücklich unbeschadet aller anderen Rechte, Dignitäten
und Vortheile ertheilt worden sei. Aber selbst diese
Gründe solle er nur soweit nöthig, und wenn sie
angefochten würden, vorbringen."

Steinau berichtete nach Koburg, was er gefun=
den, gehört und gesehen. Auch Dorothea Maria und
die Räthe zu Weimar schrieben dahin, was geschehen
sei, und luden den Herzog zum Begräbniß ein. Jo=
hann Casimir fühlte sich aber sehr verletzt. Sofort
(14. November) instruirte er seinen Agenten in Prag,
am kaiserlichen Hofe die nöthigen Schritte zu thun,
daß ihm und seinem (bisher nicht selbst hervorgetre=
tenen) Bruder, dem Herzog Johann Ernst zu Eisenach,
wenigstens die Mitvormundschaft neben dem Chur=
fürsten nicht entzogen werde, und richtete zugleich an
den Kaiser Rudolph selbst eine Supplik, in welcher
er bat, „fürerst wenigstens kein endlich Bestätigungs=
dekret zu ertheilen, damit weder ihnen, den Gebrü=
dern, noch denen unmündigen Pupillen einiges Prä=
judiz, Nachtheil oder Verweiß entstehen, sondern recht=
mäßige Billigkeit, gedeihliche Ruhe und Frieden im
Hause Sachßen erhalten und fortgepflanzet werde,"
und klagte in einer Nachschrift, daß Churfürst Chri=
stian noch vor der Leiche Bestattung sich de facto
der Vormundschaft angemaaßet, die hinterlassenen

Räthe in Pflicht zu nehmen, des Begräbnisses halber
Anordnungen zu geben u. f. w. In einem Schreiben
an die Herzogin Dorothea Maria aber (vom 15. No=
vember) sprach er sich sehr empfindlich auch gegen
diese aus: er wisse recht wol, wie man den chursäch=
sischen Vorschritt von Weimar aus gefördert, und
habe deßhalb unverzüglich sich nach Prag gewendet.
„Wenn es nun solche Beschaffenheit und der Vor=
mundschaft Disputat erreichet, sei er nicht bedacht,
der Begrebnuß, zu welcher Dorothea Maria ihn ein=
geladen, persönlich beizuwohnen und sich mehr schimpf=
liche Hintansetzung gefallen zu lassen, sondern er
wolle Valentin von Selbitz und Albrecht von Steinau
genannt Steinrück abordnen,“ welche übrigens zu=
gleich auch wegen der Tutel das Nöthige vorbringen,
reserviren und protestiren sollten.

Natürlich hatten die Weimarischen Räthe im=
mittelst auch über Johann Casimir's Ansprüche Be=
richt nach Dresden erstattet und erhielten am 15.
November vom Churfürsten die Eröffnung, daß dieser
Bericht „Ihm zu gnädigstem Gefallen geschehen sei.“
Die an Johann Casimir ergangene Einladung, dem
fürstlichen Begräbniß in Person beizuwohnen, „hätten
sie (die Räthe), als welchen nicht unbewußt, wie es
diesfalls mit der Tutel und Succession allenthalben
bewandt, wohl bleiben lassen mögen. Er (der Chur=
fürst) könne zu Seinem und Seiner geliebten Brüder
praejudicio oder Nachtheil ein Solches, und wenn
es mit Gewalt gestritten werden wolle, nicht nach=

geben. Sie möchten sich an Niemand Anderes als
an Ihn halten oder weisen lassen, und wenn wi=
der Verhoffen von Seiten Johann Casimir's de
facto etwas vorgenommen werden wolle, sollten sie
dem widersprechen und dem Churfürsten „bei Tag
und Nacht" solches zu wissen thun." Die Weimari=
schen Räthe antworteten: „sie hätten in Allem Er.
Churfürstl. Gnaden gnädigsten Anordnungen zu ge=
horsamen."

Am 20. November fand die Bestattung des Her=
zogs Johann statt. In der Stadtkirche zu Weimar,
da wo das Epitaphium steht, wurde die fürstliche
Leiche versenkt, nachdem sie von der Schloßkirche
aus, wo sie einige Tage ausgestellt gewesen, von 16
Edlen (darunter zwei Grafen von Gleichen, die von
Thüna, von der Gabelentz und von Heseler) nach der
Stadtkirche geleitet worden war. Unter dem Ehren=
geleite befanden sich auch die beiden Abgesandten
Johann Casimir's, die von Steinau und von Selbitz,
sowie zwei churfürstliche Abgesandte, Graf Philipp
Ernst von Mannsfeldt und Hans Ernst von Haug=
witz, Präsident zu Zeitz. Die Befürchtung des Chur=
fürsten erfüllte sich aber nicht. Die Begräbnißfeier ging
ohne alle Störung, zugleich aber auch in einer Weise
vorüber, welche deutlich kund gibt, daß man in Wei=
mar sorgfältig Alles vermied, was dem Churfürsten
irgend unangenehm sein oder Verdacht einflößen
konnte. Hören wir darüber den Bericht der Kobur=
ger Abgesandten selbst: „Dienstags (Tags vorher)

in Weimar angekommen, haben sie sich zuerst über
die Ausführung ihres Auftrags in der Herberg zum
gülbenen Ring besprochen, barauf seyen sie von Et=
lichen von Abel ins Schloß geforbert, benen sie bas
Crebenzschreiben übergeben, um es ber Herzogin=
Witwe zu behänbigen. Donnerstag barauf seien Kanz=
lar unb Räthe zu ben beiben Abgesanbten gekommen,
haben entschulbigt, baß die Fürstin=Witwe nicht selbst
ihnen Aubienz gebe, unb sich erboten, ihr Anbringen
ber Fürstin zu referiren, wobey es bann geblie=
ben sey." Das Eine noch geschah von Seiten ber
Koburgschen Abgesanbten: sie suchten bei ben beiben
ebenfalls anwesenben churfürstlichen Gesanbten „unter
Ueberreichung eines Crebenzschreibens um Aubienz
nach unb als sie dieselbe (Tags barauf) erlanget,"
setzten sie ihnen die Ansprüche ihres Herzogs Johann
Casimir auseinander, unb als die churfürstlichen Ab=
gesanbten diese Mittheilungen unter Hinweisung auf
ben Besitzstanb ad referendum annahmen, beschränkten
die herzoglichen Abgesanbten sich barauf, die Rechte
ihres Herrn protestando zu wahren.

Hiermit war ber Streit über die Uebernahme ber
Weimarischen Vormundschaft zu Ende. Der Churfürst
blieb im Besitz, unb auf Johann Casimir's Supplik beim
Kaiser ist, obschon im folgenden Jahre Instanz in ber
Sache von Seiten des Ersteren geschah, gleichwol nie
ein kaiserlicher Bescheid erfolgt. Am 16. Januar
1609 empfing ber Churfürst Christian in Vormunb=
schaft ber Weimarischen Prinzen am kaiserlichen Hofe

zu Prag die Reichslehen und damit wol die still=
schweigende faktische Bestätigung seines vormundschaft=
lichen Amtes durch den Kaiser.

Welchen Verlauf nun der früher erwähnte Al=
tenburger Präcedenzstreit nahm, sollte sich bald zeigen.
Hatte Dorothea Maria bei ihres Gemahls Tode ge=
ahnet, daß dieser Streit nun von Neuem erwachen
und für ihre Söhne eine ungünstige Gestalt an=
nehmen werde, so hatte sie sich nicht geirrt.

Anfänglich blieb man zwar bei dem zeither be=
liebten Interimistikum stehen. Allein jetzt, wo man
keinerlei Rücksichtnahme mehr, wie zeither dem Vor=
mund und Oheim gegenüber, vorwalten ließ, sondern
auf beiden Linien nur noch junge Prinzen mit ihren
Ansprüchen einander gegenüber standen, konnte dies
Mittel nicht dauernd verhalten. Als im Juni 1606
beiderseitige Kommissarien wegen Beilegung verschie=
dener aus der Landestheilung von 1603 herrühren=
der Differenzen in Naumburg zu einer Konferenz
zusammen kamen, regten sofort die Altenburger
Kommissarien den Präcedenzstreit wieder auf und
trugen auf Einholung der Decision des Kaisers
an. Hiermit war aber Dorothea Maria durchaus
nicht einverstanden. Ihr ganzes Streben ging dahin,
die Entscheidung des Streites durch den Kaiser und
während der Minderjährigkeit der Prinzen zu ver=
hüten; denn in beiderlei Beziehung mußte sie den
Einfluß des Churfürsten Christian II. fürchten. Allein

ihre und ihrer Räthe Bitten fanden kein Gehör. Nichts
versäumte sie, um die vermeintlichen Rechte ihrer
Söhne zu wahren; bei Juristenfakultäten, Schöppen=
stühlen und einzelnen Rechtsgelehrten, selbst in Pa=
dua, erholte sie sich Raths. Die kaiserliche Entschei=
dung wurde vorbereitet und sollte nicht beanstandet
bleiben. Der Churfürst nahm' als Vormund beider
streitenden Theile die Leitung der Verhandlungen in
die Hand und forderte beide auf, ihre Streitschriften
an ihn einzusenden, auf deren Grunde dann die kai=
serliche Entscheidung erfolgen sollte. In Weimar zö=
gerte man mit der Abgabe der Schrift und noch als
man es im August 1606 endlich that, geschah es mit
der wiederholten Bitte der Weimarischen Räthe um
Beanstandung der Entscheidung bis nach beendigter
Vormundschaft. Der Churfürst aber verwies sie dar=
auf mit den Worten: „sie weren dorumb nicht ge=
fragt und hetten sich dergleichen Schreibens, Ziel
und Maaßgebung hinfüro genzlich zu enthalten." Do=
rothea Maria bat nun selbst den Churfürsten in glei=
chem Sinne, erhielt aber (25. Januar 1607) eben=
falls ablehnende Antwort mit dem Hinzufügen: die
Anbringen beider Theile seien bereits dem Kaiser
überschickt, dessen Decision täglich zu erwarten. Wie=
derholte Bitten blieben ebenso erfolglos. Die Für=
stin Mutter zu Altenburg und ihr Vater, der Pfalz=
graf Philipp Ludwig bei Rhein, betrieben die Sache
in entgegengesetzter Richtung mit besserem Erfolge.
Am 27. September 1607 erfolgte das im Reichshof=

rath beschlossene Decret des Kaisers Rudolph II. fol=
gendes Inhalts:

„Nachdem zwischen den jungen Herzögen beider
sächsischen Linien in Altenburg und Weimar ein Streit
um die Praecedenz, nemblichen welcher fürstlichen
Lini das jus votandi, sedendi, auch was deme weiter
anhengig, für der andern gebühre? entstanden, die
Bemühung des Churfürsten, ihn gütlich beizulegen,
erfolglos geblieben sey, darauf beide Theile ihre
Praetensiones, auch worauff sie dieselben zu gründen
und zu behaupten vermeinten, schriftlich abgefaßt und
übergeben hätten, der Ausschlag aber dem regieren=
den Römischen Kaiser und beider Theile obersten
Vormund und Lehnsherrn einzig und allein umso
gewisser zustehe, als (wie aus jenen Schriften zu ver=
nehmen) unter Anderem auch wegen des jus primogeniturae durch ungleiche Auslegung der goldenen
Bulle und anderer kaiserlicher diplomata dem ganzen
chur= und fürstlichen Hause Sachsen gefährliche dubia
movirt und erwecket werden wollten, so sey — — —
behufs Interpretation und Erläuterung der einschla=
genden goldenen Bullen und sonstigen kaiserlichen Pri-
vilegia, von Sr. Majestät aus Röm. kaiserl. Macht
und Vollkommenheit, auch auf Grund der obersten
Vormundschaft über die minderjährigen Streittheile
folgendermaßen entschieden worden:

„Da von uraltersher im chur und fürstlichen
Hause Sachsen für und nach Kaiser Karl's IV. gol-
dener Bulle von 1356 und desselben Kaisers i. J.

1376 dem Haufe Sachfen befonders ertheilten golde=
nen Bulle, auch nach allerhand hierauff in familia
fürgangenen Actibus das jus primogeniturae mit
feinen dazu gehörigen praerogativis fundirt, exercirt
und hergebracht fey, zufolge deffelben aber der Linie
des Erftgeborenen allezeit die Praecedenz
und Vortheil vor den anderen zuzueignen
fey, fo folle die Altenburgifche Linie, welche von Jo=
hann Wilhelm's erftgeborenem Sohne Friedrich Wilhelm
abftamme, die Präcedenz oder fürgangk fammt allen,
was die Erftgeburtsgerechtigkeit mit fich bringt, vor der
vom 2tgebornen Sohne Johann abftammenden Weimar=
ifchen Linie billig behalten und davon nicht gedrun=
gen werden."

Wir können recht wohl begreifen, wie Dorothea
Maria ihrer Söhne Rechte durch diefen kaiferlichen
Spruch gekränkt erachten mochte. War es ohnftreitig
zu weit gegangen, wenn man der älteren Linie, wel=
ches damals die Altenburger Linie war, auch bei
der Succeffion in die Chur Sachfen den Vorzug be=
ftreiten wollte, der ihr auf Grund der beiden Bullen
Kaifer Karl's IV. zweifellos und ohne Rückficht auf
Grabesnähe oder Lebensalter zuftand*) und, weil auf

---

*) **Karls IV. goldne Bulle** enthält folgende Beftimmungen
de successione principum electorum: Tit. VII: Statuimus
et Imperiali lege perpetuis temporibus valitura decernimus:
1) Ut postquam iidem Principes Electores seculares et
eorum quilibet esse desierint, jus, vox et potestas hujusmodi ad filium suum primogenitum, legitimum,

dem öffentlichen Rechte des deutschen Reiches be=
ruhend, auch durch Privatabkommen oder Herkommen
innerhalb des Erneſtiniſchen Hauſes Sachſen nicht al=
terirt werden konnte, ſo war es doch mit nichts ge=
rechtfertigt, wenn um bieſer eventuellen, alſo in

---

laicum; illo vero non existente, ad ejusdem primogeniti primogenitnm similiter laicum et sine contra-
dictione cujuspiam devolvatur. 2) Si vero primogenitus
hujusmodi absque heredibus masculinis, legitimis, laicis,
ab hac luce migraret, virtute praesentis Imperialis edicti
jus, vox et potestas electionis praedictae, ad seniorem
fratrem laicum per veram paternalem lineam descenden-
tem, et deinceps ad illius primogenitum devolvatur.
3) et talis successio in primogenitis et heredibus principum
eorundem jure, voce ac potestate praemissis, perpetuis
temporibus observetur. — Tit. XXIV: Primogenitus filius
succedat in eis, sibique soli jus et dominium competat.
Nisi forsitan mente captus, fatuus, seu alterius famosi et
notabilis defectus existeret, propter quem non deberet seu
posset hominibus principari. 2) In quo casu inhibita sibi
successione Secundogenitum, si fuerit in ea progenio,
3) seu alium seniorem fratrem etc. volumus successurum.
Ferner Karls IV. 1376 in Frankfurt gegebene ſogenannte
ſächſiſche Bulle: Praesenti Imperiali sancimus edicto in per-
petuum valituro: 1) Quod post dicti Wenceslai Saxoniae
moderni et Lüneburgensis ducis obitum Primogenitus
filius ipsius. Et post ejus obitum Senior filius, ex ordine
geniturae semper senior. 2) Si vero primogenitus Ducis
Wenceslai praefati decesserit, masculini sexus, laicis duntaxat, legitimis heredibus non relictis, extunc Secundogenitus filius Wenceslai ducis praedicti, et post obitum ejus
Secundogeniti filius senior laicus, 3) et si secundogenitus
sine heredibus legitimis masculini sexus laicis decesserit,
Tertiogenitus dicti Wenceslai, et senior ejus filius laicus

ihrer Verwirklichung noch völlig ungewissen Suc=
cessionsrechte willen der Altenburger Linie schon im
Voraus ein Vorrang, eine Präcedenz zuge-
sprochen ward, die in den Rechten nirgends begrün=
det ist, und doppeltes Unrecht war es, wenn troß=

---

post mortem ipsius, 4) et deinceps per talem modum
directa linea geniturae descendentes ab eo,
laici duntaxat, jus, vocem, dignitatem et potestatem eligendi Romanum Regem, promovendi in Imperatrum et officium
Marschalliae cum omnibus et singulis suis dominiis,
honoribus, juribus, privilegiis, dignitatibus et pertinentiis,
perpetuis temporibus obtinebunt, per successionem hereditariam et paternalem, ut praemittitur, ex ordine geniturae.
5) Si vero praefatum Wenceslaum modernum, Saxoniae et
Lüneburgensium Ducem sine legitimis masculini sexus heredibus, laicis, de lumbis ejus directa linea geniturae de-
scendentibus mori contigerit, extunc principatus et comita-
tus Palatinus Saxoniae nec non Archimarschallia S. Imperii
ac jus, vox, dignitas ac potestas eligendi Romanorum Regem
in Imperatorem promovendum ad Illustrem Albertum filium
Ottonis quandam ducis Saxoniae et Lüneburgensium modernum patruum † dicti Wenceslai ducis Saxoniae et Lüneburgensium et ad legitimos ejus heredes masculini sexus,
laicos duntaxat, Ita videlicet: 6) quod post ejusdem Alberti obitum Primogenitus: et post primogeniti obitum ejusdem Primogeniti senior
filius, ex ordine geniturae semper senior. 7) Si
vero primogenitus Ducis Alberti praefati decesserit, masculini sexus, laicis duntaxat, heredibus non relictis, extunc
Secundogenitus filius Alberti ducis paedicti: et post obitum
ejus secundogeniti filius senior laicus: 8) et si secundogenitus sine heredibus legitimis masculini sexus, laicis, decesserit, Tertiogenitus dicti Alberti et senior ejus filius
laicus post mortem. 9) Et deinceps per talem modum di-

dem, daß Weimar erklärte, die Regelung der Prä=
cedenz in seinem Sinne solle den dereinstigen Suc=
cessionsansprüchen keinerlei Eintrag und Prä=
iudiz thun, ihm kein Gehör zu Theil ward. Ueber=
haupt war das ganze Verfahren offenbar ein ordnungs=
widriges gewesen. Während dieser Streit innerhalb
des Hauses Sachsen nach dem Naumburger Vertrage
von 1554 ohne Zweifel vor die sächsischen Austräge
zu verweisen war, hatte der Kaiser ihn vor sein
Forum gezogen. Und auch das vor diesem beobach=
tete Verfahren litt an Mängeln. Dem Dekrete
war kein eigentlicher Proceß vorausgegangen, keine
Citation und Mahnung, keine Legitimation, keine Klage
und eigentliche Vernehmlassung der Partheien, keine
förmliche Sacherörterung. Dazu kam, daß das
Dekret des Kaisers eine Erläuterung der goldenen
Bulle enthielt, von der man, da sie vom Kaiser
und den Churfürsten ausgegangen, behauptete,
daß sie nicht vom Kaiser allein, sondern nur unter
Concurrenz und Mitwirkung der Churfürsten erläutert
werden dürfe.

---

recta linea geniturae descendentes ab eo, laici duntaxat,
jus, vocem, dignitatem et potestatem eligendi Romani Regem, promovendum in Imperatorem, et officium Archi-
marschalliae cum omnibus et singulis suis dominiis, honoribus, juribus, privilegiis, dignitatibus et pertinentiis, perpetuis temporibus obtinebunt per successionem hereditariam
et paternalem, ut praemittitur, ex ordine geniturae.

Aus solchen Gründen glaubte Dorothea Maria gegen dieses kaiserliche Dekret am 12. Februar 1608 zu Weimar vor Notarien und Zeugen „von dem nicht gehörig unterrichteten an den besser zu unterrichtenden Kaiser" (a Caesare non satis informato ad melius informandum) provociren und auf Revision der Akten antragen zu sollen. Auch sonst bei allen feierlichen Gelegenheiten, wo auf Grund jenes kaiserlichen Dekrets die Altenburger Präcedenz sich geltend machte, legte sie feierlich Protest gegen dieselbe ein.

Welchen Erfolg alle diese Kundgebungen der fürsorglichen Mutter hatten und welche weiteren Schritte von ihr unter den verschiedenen Konstellationen, die in der Folge der Jahre eintraten, unermüdlichst gethan wurden, davon wird in späteren Abschnitten die Rede sein.

VI.

Die Prinzen in Jena.

Inzwischen waren die beiden ältesten Prinzen,
Johann Ernst und Friedrich, soweit herangewachsen,
daß eine Aenderung in ihrer zeitherigen Stubienein=
richtung für zweckmäßig erachtet wurde. Am 24.
April 1607 schrieb Dorothea Maria dem Churfürst=
Vormund Christian II. über sie: „Nun sehen wir,
das sie fort mehr hier in ihrem studieren und sonsten
große Hindernuß empfinden und erfaren möchten,
Indeme sie mit und neben den vier kleineren, so zur
Schule gehalten werden, in einem Gemach sich behel=
fen müssen und zur sonderunge nicht fast bequeme
gelegenheit ist, dahero, weill ihnen (den kleineren) die
kindheit noch allzusehr anhänget, die älteren bisweilen
in dieselbige wieder mitgerathen und anders mehr
erfolget. Und wenn auch (fuhr sie fort) zur son=
derunge, der gemach halben, geschritten werde, wür=
den sie dennoch für und nach dem Essen, wann die
schulstunden aus seyn, bisweilen durcheinandergehen
und die unumbgangliche Zulage mehrer diener, hei=
zunge und unterschieblicher Losament eine solchen Un=
kosten veruhrsachen, damit man guts theils anders

orts austommen könne. Haben deßhalb ohne maß=
gebung in unsrer weiblichen einfalt dahin gedacht,
sintemal die zweene jüngsten in wenig Zeit zu Schu=
len gleichfalls tüchtig werden möchten, damit diesel=
bigen in dem jetzigen gesambten Gemach desto besser
unterzubringen, es sollten mehrgedachte zweene eltere
so eher so besser uff die Universität Jhena fortzu=
schiden seyn."

Der Vormund ging auf die Jdee ein, und nach=
dem er genaue Vorschläge darüber, wie die Wohnung
der Prinzen in Jena herzustellen, wer ihnen beizu=
geben und welcher Aufwand für diesen neuen Haus=
halt zu bestimmen sei, erfordert und empfangen, ge=
nehmigte er den ganzen Plan.

Als Hofmeister wurde den beiden ältesten Prin=
zen — während Friedrich v. Rospoth bei den übri=
gen in Weimar blieb — der zeitherige Kammerjunker
Kaspar von Teutleben, „ein bescheidener fleißiger
Mann", als Präceptor der, hiermit in den Weimar=
ischen Dienst eintretende, Dr. Fridericus Hortleder,
„ein junger mit gutem Universitätstestimonio ver=
sehener Mann", der nachmals immer höher im Ver=
trauen der Herzogin stieg und zum unentbehrlichen
intimsten Rathgeber der Mutter wie der Söhne ward
— jeder von beiden Ebengenannten mit 200 fl. Ge=
halt und freier Station;*) als Kammerjunker der=

----

*) Da Kaspar von Teutleben verheirathet war, erhielt ebenso
seine Frau freie Station und wurden ihr zwei weibliche Dienst=
boten und zwei Pferde gehalten.

felbe Rudolph von Drachenfels, den wir zeither als
Pagen der Prinzen kennen gelernt, charakterisirt mit
den Worten „kann vorschneiden auf der Tafel, still
und fleißig", und daneben drei Edelknaben in den
Personen der ebenfalls schon bekannten Dietrich von
Frießen, Jan Vizthumb und Hans von Santers-
leben*) mitgegeben.**) Die jährlichen Kosten dieses
Haushalts wurden auf 4—5000 fl. veranschlagt. Inzwischen verzögerte sich die Uebersiedelung der Prinzen nach Jena aus Anlaß einer Seuche, die daselbst
ausbrach und 150 Einwohner dahinraffte und, ob-
zwar sie keine „Gelahrten" und nur einen studiosus
ergriff, doch zur Vorsicht mahnte, bis ziemlich in die
Mitte des Jahres 1608.

Die Trennung der Mutter von ihren Söhnen,
die erste längere, die sie erlebte, mochte ihr sehr
schwer fallen. Sie hatte sie selbst nach Jena geleitet;
nachdem sie von dort wieder nach Weimar zurückgekehrt war, schrieb ihr der 14jährige Johann Ernst,
der mit seinem Bruder Friedrich die Veränderung in
kindlicher Freude über die Neuheit der Umgebung froher
ansehen mochte, gleichwol zur Beruhigung der Mutter
folgende Zeilen, die von seiner Aufmerksamkeit und

---

*) Jeder mit 4½ fl. Schulgeld, 3 fl. Stiefeln und zwei Au-
zügen.
**) Daneben 1 Küchschreiber (mit 49 fl.), 1 Koch (mit 24 fl.),
1 Mundschenk (mit 20 fl.), 1 Küchenjunge (mit 12 fl.), 1 Kam-
merdiener (mit 24 fl.), 1 Sattelknecht und 1 Stalljunge, und des
Hofmeisters reisiger Junge.

Liebe zeugen: „Dieweil ich gestriges tags vor E. G. Abreisen von hinnen mich etwas unpas befunden, und dahero vermuthet, E. G. möchte ihr meiner Person halben sörgliche gedanken machen, So habe ich E. G. Lackeyen Ludewig allhier zu bleiben bevohlen, zuvorsichtlich, E. G. werde damit zufrieden seyn, und füge derselben zu gewüntzschter nachrichtigung zu wissen, das mein lieber bruder und ich verschienen Tag mit aus= und ufreumen zubracht, das uns die zeit unter der Hand hinweggangen und wir über lange weil nicht zu klagen, auch dem allmächtigen Got, in welches nahmen unsere verrückung angestelt, zu danken für die sonderbahre gnade, das wir uns beiderseits bei angehenden Studentenorden wol befinden und geschener verenderung mit nichten gerewen lassen. Solte E. G. ich nicht verhalten, dieselbe sampt meinen gel. Brüdern und Schwesterlein göttlicher Gnade und bewahrung gantz trewlich bevehlende.“

Das Verhältniß der Söhne zur Mutter war überhaupt das innigste, das sich denken läßt. Mit demselben Maaße, mit welchem die treue Mutter ihre Fürsorge für die Söhne maaß, vergalten diese ihr mit Verehrung und Liebe und der zartesten Aufmerksamkeit, die sich in ihren Briefen auf das Unzweideutigste ausspricht. Ihrer „gnädigen hertzlieben Frau Mutter“ bezeigen sie fortwährend in den ehrerbietigsten Ausdrücken ihre kindliche Liebe und Folgsamkeit, empfehlen sie dem Schutze des Allmächtigen und sprechen sehr oft den Wunsch aus, daß sie „je eher je

beſſer friſch und geſund unter dem geleite der lieben
Engel nach Jena kommen möge," weil ſie „ein ſon-
derbahres Verlangen trügen, ſich ſohnlichen mit ihr
zu unterhalten," und bitten „auch die freundlich lieben jungen Herren Brüder mitzubringen." Faſt in
jedem Briefe verſprechen ſie, „all ihr thun und laſſen
alſo anſtellen zu wollen, damit es Gottes zu ehre,
der Mutter in ihrer Betrübniß zu troſt, freud und
ergetzlichkeit, auch ihnen ſelbſt, Land und Leuten zu
gedeihlichen aufnehmen gereichen möge." Am Na-
menstage der Mutter erneuern ſie dies Verſprechen
mit beſonderem Nachdruck und hoffen, daß ſie „durch
Erweiſung kindlichen gehorſambs und ſchuldiger Ehr
unter die Zahl der Kinder können gezählt werden,
denen es wohl gehen ſolle auf Erden." Zugleich bin-
den ſie die Frau Mutter mit einem geringen Prä-
ſente (einer Schreinerarbeit, darinnen ein Papagei)
an, „das ſie zu ſchuldiger Gebühr haben zu wege bringen laſſen." Dagegen beſchenkt aber auch die Mutter
die Söhne an ihren Namenstägen mit einem „ſchön
vergulten Rappir, Dölchen und wohlriechenden Hand-
ſchuhen"; zu des 12jährigen Herzog Friedrich's ganz
beſonderer Erfreuung darüber, daß er mit dem älteren Bruder „ganz gleichförmig" gehalten worden
ſei. Ihn, der ſonſt der Kürze im Briefſchreiben ent-
ſchieden den Vorzug gibt, weil er — wie er ſagt —
„mit weitleufftigen ſchreiben nicht beläſtigen wolle,"
veranlaßt dies Geſchenk zu einer längeren Expekto-
ration und in ihr zu der ſcherzhaften Bemerkung,

mit jenem Geschenke „habe die Frau Mutter zweifelsohne andeuten wollen, daß er auch in Erudition
und geschicklichkeit hinfüro gleich gültig möge befunden
werden. Aus Mangelung der Jhar aber und wegen
der langwierigen Krankheit, die ihn vor 3 Jahren
befallen, werde er schwerlich seinen Bruder einholen
können und hoffe also, daß man mit seinem guten
Vorsatze zufrieden sein und ihn in dem tiefen Sande
der verborgenen geheimnusse gutter künste und sprachen
allgemach hernach wandern lassen werde." Friedrich
zeigt sich immer als der lebensfrohe heitere Knabe,
der am frohesten ist, wenn er der Mutter auch nur
„einen wohlsingenden Hänfling" senden kann. Auch
Johann Ernst hat einen kindlichen Sinn sich bewahrt,
der ihn noch im 15. Lebensjahre beim Herannahen
des Weihnachtsfestes die Mutter bitten heißt, „sie
wolle eine Forbitt bei dem heiligen Christ einlegen,
damit er auch zu ihn komme, wie wol sie ohnebas
wüßten, das er bei ihnen sei; sie wollten auch recht
fleißig seyn." Aber neben diesem kindlichen Sinne
war er schon von einem Ernste erfüllt, der wol der
Wiederklang der traurigen Gemüthsstimmung der verwittweten Mutter war, welche den ältesten Sohn gewiß schon frühe zu sich herangezogen haben mochte
zur Theilnahme auch an ihren Sorgen und der schon
frühe die Pflichten fühlte, die ihm als dem Aeltesten
der zahlreichen vaterlosen Söhne oblagen. Als der
Hofmeister von Teutleben durch den Tod seiner Mutter auf kurze Zeit veranlaßt wird, die Prinzen zu

verlaſſen, verſpricht Johann Ernſt, in ſeinem und ſei=
nes Bruders Namen, der Mutter zu ihrer Beruhig=
ung, „in ihrem Beginnen ſolche Mas zu halten, daß
der Frau Mutter zu kummernuß und ſorge kein ver=
urſachendes nachdenken ſolle erweckt werden." Als der
jüngſte Bruder Bernhard zur Erholung von ſchwerer
Krankheit 1609 zeitweiſe auch nach Jena überſiedelt,
aber dort nur langſam ſich erholt, indem von Zeit
zu Zeit „ein Uebergänglein, aus dem ungewöhnlichen
Stillliegen herrührend, kommt," verläßt Johann Ernſt
des Bruders gemach nicht, bittet aber die in Zerbſt
eben verweilende Mutter, wie er ihr dies mittheilt,
„ſie möge ſich ja darumb keine ſorgfältigen gedanken
machen, ſondern es dahin verſtehen, daß er in der
Mutter Abweſenheit müigliches Fleißes vorzuſehen ſich
angelegen ſein laſſe." Als die Mutter durch einen To=
desfall im Anhaltſchen Fürſtenhauſe wieder nach Zerbſt
gerufen wird, bittet er ſie, ihren dortigen Aufenthalt
möglichſt abzukürzen. Denn ſo ſehr er denſelben auch
begreiflich finde, „werde er doch durch kindliche affection angetrieben, ihre wiederkunft höchſtes Fleißes zu
ſollicitiren, zumal durch dieſe Trauer=proceſſion und
fürſtliche leichenbeſtattung bei ihr zweifelsohne ein
ſehr betrübtes nachdenken werde geurſachet werden;
er und ſein Bruder hätten daher Grund für die
Mutter ſorgfeltig zu ſein und zu beten, daß der
barmherzige Gott ſie mit ſeinem freudigen geiſt und
durch den ſchutz ſeiner heiligen Engel friſch und ge=
ſund anhero wiederumb begleite." Und als (im

Sommer 1609) das Schwesterlein Anna stirbt, sucht er die Mutter damit zu trösten, daß die Entschlafene „aus diesem jammerthal in die ewige freude versetzet worden sei, wo sie dann gar wohl versorget und über alle was herrlich ausgestattet sey und wo die Mutter sie und alle vorangeschickte geliebte wiedersehen und mit unaussprechlicher wonne in alle Ewigkeit unge=trennet seyn und bleiben werde." Die Frömmigkeit beider Prinzen war eine tiefe; die ganze Erziehung von Jugend auf, das Vorbild der Eltern, der Geist der Zeit, alles hatte sich dazu vereinigt, sie fest zu begründen und groß zu ziehen. Ein Beispiel davon liefert außer den bereits mitgetheilten Stellen der Brief, den der lebensfrohe Friedrich bei Gelegenheit einer Erkrankung seines Bruders Wilhelm im 15. Jahre an die Mutter richtet: „So erinnere ich mich" — schreibt er — „was unlängst an diesem ort in einer predigt ist erwehnet worden, Nehmlich, da auf eine Zeit der getreue Gott einen aus den gottseligen Al=ten zwei Jhar nach einander mit Krankheit heimge=suchet, das dritte aber innegehalten und ausgeblieben, das derselbige heilige Vater darüber geklagt und ge=sagt: „Er wüßte nicht, wie es doch immer zuging, das sein lieber Gott, welcher die zwei vorige Jhar so gnädig unter Dach einzukeren angefangen, itz im dritten jhare nicht mehr zu ihm kommen wolle." Sintemahl ers davor gehalten, solche väterliche rute und heimsuchung were nichts andres denn ein un=fehlbar Zeichen göttlicher Beiwohnung, auch eine son=

7

derbahre gnade und wirdigung der armen unwirdigen menschen. Dieweil wir dann" — fährt Friedrich fort — „in verschinen zwei Jharen zu der lieben Sommerszeit vom barmhertzigen Gott mit Krankheiten auch genedig heimgesuchet worden, Als kann ich aus dieser abermaligen heimsuchung und einkerung nichts anderes schließen, als daß seine göttliche Allmacht mit ihren Gnaden bei uns zu seyn noch lust und liebe trage. Dahero ich dan der tröstlichen Zuversicht, er werde es mit des Patienten schwachheit zu einem väterlichen Ausgang schicken, daß E. G. vor Trübsal behüthet werden und wir alle vor seine allmechtige Hülffe ihm höchlich über kurtz zu danken haben mögen."

Die Lebens- und Studieneinrichtung der Prinzen war und blieb auch in Jena im Wesentlichen dieselbe wie zeither. Die dem Hofmeister und Präceptor ertheilte Instruktion normirte die Zeit des Aufstehens und Niederlegens, die Morgen- und Abendandachten, die Reinigung, die Dienste der Edelknaben, die Erziehung zu fürstlichen und höflichen Sitten, die stete Aufsicht und Begleitung der Prinzen, die Mäßigkeit ihrer Tafel. Auch jetzt noch sollten bei ihnen der Kammerjunker und die Edelknaben und, abwechselnd mit einander, auch der Hofmeister und der Präceptor schlafen. Doch traten auch einige Zusätze der neuen Instruktion hinzu, wie sie wol die veränderte Lage und die etwas vorgeschritteneren Jahre mit sich brachten. Die mütterliche Sorge machte dem Hof-

meister zur besondern Pflicht, beim Reiten und an=
deren Leibesübungen, wie Ballschlagen, Tanzen, Fech=
ten, Schießen immer zugegen zu sein und Aufsicht zu
führen, damit sie nicht ins Schädliche ausarten könn=
ten, auch nicht jäh darauf gegessen oder getrunken
werde. Bei Vermeidung alles unnöthigen Ueber=
flusses an Speisen und Getränken sollten doch Ein=
ladungen an Professoren und andere fürnehme Leute
nicht ausgeschlossen sein. Und während die Prinzen
„zu guter Zucht und fürstlich höflichen Sitten ange=
halten würden, sollten sie doch darunter keines Stol=
zes oder Hochmuthes sich gewöhnen, sondern zu Gü=
tigkeit und Sanftmuth gegen jedermann und zu brü=
derlicher Liebe unter einander angehalten werden.“
Den Religionsunterricht ertheilte der Superintendent
Major in Jena, der über die Methode desselben ganz
speciell mit der Herzogin korrespondirte und sich ver=
ständigte, den übrigen Unterricht Friedrich Hortleder.
Er wie der Hofmeister von Teutleben hatten vor
Antritt ihres Amtes in der Rathsstube (Sitzungs=
zimmer des Geheimen Raths) einen förmlichen Dienst=
eid leisten und namentlich geloben müssen: „bei der
reinen Lehre und christlichen Bekenntnuß dieser Lande,
wie dieselbe in der ersten ungeänderten Augsburg.
Confession begriffen und im christlichen Concordien=
buche repetirt ist, stendig und ohne einig falsch zu
verbleiben, wo aber Gott verhängen möchte, daß sie
sich durch menschlichen Witz und Wahn von solch rei=
ner lehr und erkenntniß Gottes abwenden würden,

7*

solches alsbald Sr. Churfürstlichen Gnaden, dem Vormunde, ungescheut anzumelden.

Der Unterricht, welchen die Prinzen erhielten,
war der damaligen Zeit entsprechend fast so zuge-
schnitten, als ob sie zu Gelehrten vorgebildet werden
sollten. Major's Trachten ging ausgesprochenermaa-
ßen dahin, die Prinzen in die Wissenschaft der Theo-
logie selbst einzuführen, damit — wie er sich aus-
drückte — „sie allgemachsam sich auf die schwebende
Religionsstreit lernen verstehen, die falschen irrigen
Meinungen vermeiden, die fundamenta in Glaubens-
sachen recht legen, und ihre judicia richtig formiren
und konfirmirt werden mögen;" und Dorothea Maria
billigte dieses im Allgemeinen, indem sie die Inten-
tiones des Major lobte. Hortleder seinerseits un-
terrichtete die Prinzen hauptsächlich in der Geschichte
und im Latein. Auch jetzt waren halbjährliche Prüf-
ungen, denen die Weimarischen Räthe beiwohnten,
vorgeschrieben. Ein Blick auf die erste Prüfung dieser Art wird uns ein ziemlich lebendiges Bild von
der ganzen Art und Richtung des ertheilten Unter-
richts gewähren. Sie fand am 14. December 1608
statt. Den Anfang machte der Superintendent J.
Major, indem er, nach einer einleitenden lateinischen
Ansprache zwei Stunden lang in der Glaubenslehre
examinirte, wobei die Prinzen, die im ersten Halbjahre u. A. 70 Psalmen hatten auswendig lernen
müssen, hauptsächlich im Wiederhersagen des Gelern-
ten geprüft wurden und, wie der Bericht sagt, „zur

Bewunderung aller Anwesenden" bestanden. Darauf examinirte Hortleder. Er ließ die Prinzen ein Stück aus dem Terenz übersetzen und richtete dabei seine Fragen auf Etymologie und Syntaxis. Sodann mußten sie ein deutsches Dictat ins Lateinische übersetzen, was von Hortleder alsbald vorgelesen ward. In der Geschichte mußten sie den Bauernkrieg und die Wiedertäufer-Bewegungen erzählen und „mit Lust und Verwunderung — sagt das Protokoll — hörten die HH. Examinatores an, wie JJ. FF. GG. solche historien allen Circumstantien nach zu erzählen, merita causarum fein zu ponderiren und wenn gleich dedita opera etwas perperam allegiret worden, solche errores zu deprehendiren und — cum singulari tamen modestia — zu emendiren und wo und wie es geschehen, zu erzählen gewußt." Nach einer Prüfung in den Regeln der Grammatik wiederum Hersagen auswendig gelernter Stücke, z. B. aus „dem ausgeschälten Kern der praecepta politica, die ein princeps anonymus an seinen filium primogenitum gerichtet", Proverbia und Sprichwörter u. A. m.; Hortleder hat dabei erwähnet, daß in dem verwichenen Halbjahre Johann Ernst 2000, Friedrich etwas über 1000 vocabula latina auswendig gelernt habe. Zum Schluß hielt der Kanzlar Spelt, der aus Weimar zu dieser Prüfung gekommen war, eine ermunternde Anrede an die Prinzen.

Wurden diese tüchtig und ernst zur Arbeit angehalten, so fehlte es ihnen auch an körperlichen

Uebungen nicht. Neben den Reitübungen gab ein
Franzos, Mr. Turnon, Unterricht im Fechten und veranstaltete vor seinem Weggange ein kleines Turnier,
damit er die Prinzen anweisen könne, „wie man sich
bei Präsentirung unterschiedlicher Reverenzen, sonderlich kegen dem Frauenzimmer, geberden soll, damit
sie bei vorfallender Gelegenheit sich der gebür zu bezeigen wüßten." Dazu kamen die gewöhnlichen jugendlichen Vergnügungen. Zur Winterszeit Schlit-
tenfahren, im Sommer Spazierengehen und Wachtel-
fangen. Ein anderes Mal erfreuten sie sich mit anderen jungen Herren (Reuß und v. Schönburgk) an
einer „zwar kleinen, aber lustigen Fischerei" in Lehe-
sten, bei der sie selbst Hand mit anlegten, und an
der Weinlese. „Mit der Weinlese", schreibt der immer geordnete und Ordnung liebende Johann Ernst
an die Mutter, „hatt es alhier diesen feinen Undt
mihr wohlgefälligen gebrauch, daß nicht ein jeder,
wie es ihme in sinn kömbtt oder seine erheischende
nothurst treibet, lesen darf, sondern wan für Augen,
das die Trauben zu rechter maturitet kommen, So
verfüget sich neben dem Ambtsschösser und Bürger-
meister auch jemandt von der Universitact uf die
Kellerey, vndt wird allda mit den Hauskellnern raht
gepflogen, Ob die Weinlese vorzunehmen; nach gehaltener Vergleichung dann, so wird erst nach Hof
geschriebenn und umb licenz, die Weinlese vorzunehmen, ansuchung gethan. Derhalben E. G. bei
Zeit solches Vorhabens sollen berichtet werden." Do-

rothea Maria kam darauf selbst mit allen Prinzen
zur Weinlese nach Jena und blieb daselbst einige
Wochen. Eine große Rolle spielte nun auch die Jagd.
Anfänglich zwar noch in sehr bescheidenem Umfange.
Nachdem ihnen „auf ihr kindliches Ahnsuchen von der
Mutter gestattet worden, von ihren Studien abzu-
brechen und mit der Jagt sich etwas zu ergetzen",
sind sie dankbar für diese Erlaubniß und dafür, „daß
der liebe Gott ihnen schön hell und still wetter zur
Jagt bescheret und frisch und gesund, auch mit gutem
Glück und zweien Hasen wiederumb anheimb leiten
wollen." Aber von Jahr zu Jahr, wie die Prinzen
mehr heranwuchsen, nahm natürlich dies Vergnügen
größere Dimensionen an, so daß sie 2 Jahre später
auf einer Jagd, „der sie mit großer Lust beigewohnt,
über manchen rauhen weg und steeg vom getreuen
Gott geleitet, 6 jagdbare Hirsche, darunter 1 Acht=
zehner, 1 Sechszehner und 1 Vierzehner, neben 9
Thieren und 2 Rehen" erlegen, was sie der Mutter
melden, „damit diese an der Söhne ergetzlichkeit wo
möglich auch participire und der Kummernuß einen
Anstand mache." Auch weitere Ausflüge, kleine Reisen wurden ihnen vergönnt. So im Mai 1609. Zu
kleinen Ausgaben und Ankäufen auf dieser Reise erhielten beide Prinzen ein Taschengeld von 50 fl.
Aber sie brauchten das Geld bei Weitem nicht auf,
„sintemahl sie wehnig schönes seltsames und der wich=
tigkeit ihrer barschaft gemäß antrafen" Sie brachten
nur „zierliche wenige Präsent den Weimarischen mit",

hinſichtlich welcher ſie baten, „nur das treue ange=
benken anzuſehen." Dabei verſicherte der verſtändige
Johann Ernſt, ſie hätten auf dieſer Reiſe aus Er=
fahrung gelernet, „wie ſäuberlich mit dem Gelde zu
gebharen und wie bald es könne ſpenbiret werden."

Wie auf der Reiſe gedenken ſie der „lieben
freunblichen Brüder" und — ſo lange es noch lebte
— des Schweſterleins immer mit dem Wunſche, daß
dieſelben jedes ihrer Vergnügen theilen möchten. Am
12. April 1609 ſenden ſie ihnen eine Lerche mit fol=
genden Zeilen: „Es iſt uns unlängſt eine lerche, welche
alhereit zwei Jhar inne geſeſſen, gar viel und wohll
ſinget, von einem Bürger alhier verehret worden, Die
haben E. G. wihr beiberſeits deputiret unſer kinblich
wohlmeinen damit zu erweiſen, und ob es ſach, das
E. G. durch den geſang etwan ein betrübter gedanke
möchte vertrieben werden, ſo hetten wihr den vogel nicht
beſſer anlegen können, überſchicken denſelben E. G.
hiermit, kinblicher Zuverſicht, ſie werde dies geringe
preſent, aus großer liebe herrührendt, in mütterlichen
Gnaden und wohlgefallen von uns annehmen. Ueber
das ſeindt uns von hieſigem pronotario zwo Nach=
tigallen verehret worden, welche wir unſern freund=
lich lieben Brüdern zuſenden, das ſchweſterlein ſoll
auch nicht den wenigſten, ſondern meiſten theill darahn
haben, damit wihr in ihrem freunblichen ahngedenken
deſto beharrlicher bleiben mögen. Wie die lerche mit
eſſen gehalten wird, befinden E. G. hier beiliegend
ufgezeichnet, die Nachtigallen kan gebachter unſrer

freundlich lieben Brüder Diener, George Berger, wohl
warten und weis mit derselben gar füglich zu ge-
bahren."

Inmitten dieser jugendlichen Freuden aber reifte
der, seinem ganzen Naturell nach gesetzte und verständige, Johann Ernst schon zu der Gewohnheit ob-
habender Pflichten und ernster Gedanken heran. Als
die Prinzen, kaum in Jena angelangt, einer theologischen Disputation des Dr. Piscator, die er ihnen
„zugeschrieben", beiwohnten und von demselben mit
einer „zierlichen und wohlgefaßten" lateinischen Rede
empfangen wurden, erhob sich vor der Versammlung
der 14jährige Johann Ernst und antwortete, wie er
der Mutter schreibt, „nach vermügen und mut, so
göttliche Allmacht dargereichet," wieder in latei-
nischer Sprache. Kurz darauf übertrug ihm die
Universität das Rektorat. Ueber den Antritt desselben, bei welcher Gelegenheit er eine größere lateinische Rede halten mußte, sowie über die Pflichten,
die es ihm auferlegte, schreibt er der Mutter am 22.
August 1608: „ — — So habe ich auch diese Tage
wegen Tragen des Ambts sowoll anderen erheblichen
ursachen einem Doctorat und zweien disputationibus
beygewohnet, durch welche mir die Zeit unter den
henden entzogen und abgeschnitten worden. Weill ich
dann izo von meinen studieren mich entbrochen, Als
hab ich E. G. vermittelst dieses kindlich Dank zu sagen mich schuldig erkennet, danke dem lieben Gott,
das ehr mihr gnad verliehen, mein Rectorat, sonder

rhum zu melden, glücklichen und mit lob anzutreten, will mich auch dahin befleißigen, das E. G. von mihr alles was ihr erfreulich und in ihrer betrübniß tröst= lich seyn mag, jederzeit erfaren soll."

Dorothea Maria antwortet ihm darauf am 25. August: „Hochgeborner Fürst, freundlich Hertzlieber Son, ich habe dein wiederantwortschreiben zu meynen henden wohl empfangen, bin auch mit Deiner entschul= digung, das Du mich nicht eher beantwortet, mütter= lich und wohl zufrieden und ist mir ganz erfreulichen, das Du Dir Dein jetziges schulregiment so angelegen seyen lasset, nicht zweifelnt, du in Zukunft, wenn Dir der liebe Gott zu Deinen vollkomml. Jharen bringt, Du Dir dan Dein angehendes regiment noch mer angelegen seyn werdest lassen, in massen ich ban von deme lieben Gott von herzen wünschen thue, das Du neben Deinen lieben Brüdern der christl. Kirche und landt und Leuten nützlichen und mir in meiner be= trübniß tröstlichen seyn mögest, immassen Du Dich dann ganz kindtlichen gegen mich erweißt."

Mit jedem fortschreitenden Jahre theilte sie ihrem ältesten Sohne offenbar schon ihre Absichten wie ihre Sorgen in Betreff der Angelegenheiten des herzog= lichen Hauses mit. Im Jahre 1611 hatte er eine von D. Düntzel excerpirte Relation über den Alten= burger Präcedenzstreit gelesen und schreibt darüber der Mutter: „er wolle sich hierdurch nicht zu einigem groll und wiederwillen bewegen lassen, sondern da= mit, was ihm und seinen Brüdern von Gottes und

Rechts wegen zuständig, in gebührende acht genommen
werde; dann mag" — fährt er im vollen Bewußtsein
seiner fürstlichen Pflichten fort — "einem patricio unbt
Edelmann verweislich gedeutet werden, das Recht,
durch welches er guberniret wird, nicht zu wissen,
wie viell mehr wird Meines Standes gleichen und
mihr selbst obliegen, diejenige irrsahl, daran ich so
hoch interessiret, nicht in den Wint zu schlagen, son=
dern mit christlicher moderation des Gemüths fleißig
in Acht zu nehmen." Derselbe verständige und maß=
volle Sinn läßt ihn selbst der Mutter rathen, doch
ja den Besuch am Altenburger Hofe nicht zu ver=
säumen, damit "sie nicht ins Geschrei kämen, als
hätten sie nicht Lust zur einigkeit." Kaum aber sind
ihm diese Worte des Raths entflohen, so entschuldigt
er sich bescheidenst ihretwegen als eines "unziemlichen,
aber aus kindlicher einfalt herfließenden erinnerns."

An solchem Wesen der Söhne mußte die Mutter
ihre Freude haben. Der Bericht über das letzte
Examen im Jahre 1610 lautete so günstig, daß auch
der Churfürst "darob seine besondere Erfreuung" zu
erkennen gab. Als die Räthe zu Weimar die beiden
Männer, denen das nächste Verdienst um die wissen=
schaftliche Bildung der beiden Prinzen zufiel, Teut=
leben und Hortleber, von dieser churfürstlichen Aner=
kennung ihres Wirkens in Kenntniß setzten, dankten
diese Ehrenmänner dafür in Ausdrücken, deren Be=
scheidenheit ein neues Verdienst in sich schloß: — —
"Soviel dann uns betrifft, haben wier von ahnfang

derer uns unwürdigen ufgetragenen Jnspektion und Jnformation nicht höheres uns angelegen seyn lassen, als daß unsre gnebigste Fürsten und Herrn in der Furcht des Herrn, allen fürstlichen Tugenden und gueten Künsten (darinnen dieselben gar löblichen und wohl unterwiesen wier zu unsren Händen empfangen) möchten zur Ehre Gottes, des Landes Bestem und ihrer ewigen Wohlfahrt ufzuerziehen. Sollten wir zuweilen etwas säumig gewesen seyn und es ahn gebührlicher embsigkeit erwinden lassen, so ist solches den umbständen und zugefallenen vielfeltigen impedimentis" (darunter sie den wiederholten Wegzug von Jena wegen einziehender Epidemien und die damit verbundene Unterbrechung der Studien meinten) „vornehmlich beizumessen, worunter wir gleichwol unsre defecta und begangene Mengel nicht allerdings entschuldigen, sondern, wo etwa omittendo geirret oder den Sachen zu wenig geschehen, umb Verzeihung unterthänigst und bemüthigst gebeten haben wollen." *)

---

*) Die große Liebe und Verehrung, mit welcher beide Prinzen an ihrem Lehrer und Erzieher Friedrich Hortleder hingen, geht auch aus folgenden Briefen an denselben hervor, die zugleich als Belegstüde für die classische Bildung der jungen Fürstensöhne, von denen Johann Ernst im Jahre 1612 achtzehn, Friedrich sechszehn Jahre alt war, dienen mögen:

Johann Ernst an Hortleder.

Litteras duas, clarissime vir, praeceptor et fidelis charissime, una cum aurea bulla et culto illo carmine, quo

VII.

Vergebliche Mühen.

Inzwischen hatte Dorothea Maria ununterbrochen
darauf gedacht, von der churfächfischen Vormundschaft
die Ihrigen möglichst bald zu befreien. Schon aus
dem Jahre 1608 enthalten die Akten eine Spur davon, daß fie einen vertrauten Agenten in Prag befragt: ob es nicht möglich wäre, für ihren ältesten
Sohn Johann Ernst, damals kaum 15 Jahre alt,

Regi Mathiae Gryphiander gratulatus est, nudius tercius
accepi! non opus fuisset ulla excusatione de nimia illarum
prolixitate, etenim quo longiores sunt tuae literae eo mihi
cariores, et ad mei informationem aptiores. Igitur ad sin-
gula membra breviter respondebo:

Rem gratam mihi fecisti in transmittenda aurea bulla,
perplacet modus ille, ad peculiarem usum apprime accomo-
datus, ponderabo diligenter verba textus et quae notatu
erunt digna pagellis insertis ascribam.

Lectiones illas, fratri et mihi in tua absentia perscru-
tandum traditas, DEO auxiliante debito tempore absolvemus
de ipsius diligentia non dubito, sin minus, auctor illi et
suasor ero, ut, quod fidelis est discipuli, perficiat.

Oratio Heideri de felicitate et foecunditate matrimonii
Domini parentis mei amantissimi, beatae memoriae, fortassis
typis excusa prodibit, faxit DEUS ut nos fratres vestigiis

Dispens von den Jahren der Mündigkeit (venia aetatis) zu erlangen? Aber, wie vorauszusehen war,
erhielt sie eine verneinende Antwort: „das geschehe

majorum nostrorum insistentes nihil agamus, quod Chri-
stiano et bono principe non sit dignum.

Julius Marcum juris doctorandum, Dominae matri, ubi
e Franconia redierit, de meliori nota commendabo, et quan-
tum in me est, studebo, ut voti compos fiat, sed, uti scis,
haec provincia est admodum dura, praesertim in concursu
tot competitorum, procul dubio Lenerus eandem gratiam
sibi fieri efflagitabit.

Gryphiander ob singularem doctrinam et vitae integri-
tatem mihi erit carus. Optarem sane, ut, data occasione,
Salanae nostrae ornamentum esse posset; quaeso ascribas
ei meam gratiam et clementissimam ad promovendum vo-
luntatem. Exarabam Vinariae 24 May Anno 1612.

Dominus tuus Clementissimus
Johannes Ernestus Dux Saxoniae
Juliae Cliviae Bergae.

Friedrich an Hortleder.

Clarissime et consultissime domine praeceptor, fidelis
dilectissime. Tuae literae mihi bene traditae sunt, et in-
tellexi ex eis tuam fidelem admonitionem, igitur clementer
ago gratias et ad exhibitionem animi mei grati invenies me
diligentissimum.

Nihil novi ad te scribere queo, nisi quod frater meus
Johannes Ernestus profecturus sit Francofurtum proximo
die veneris, quod iter illi fortuito obvenit. Vale et statim
ad nos iterum reverte.

Vinariae 28 May Anno 1612.

Dominus tuus clementissimus
Fridericus dux Saxoniae
Juliae Cliviae Bergae.

nie ohne vorgängige causae cognitio und Anhörung
der Vormünder, dannenhero würde es diesfalls, dieweill der Herr Churfürst zweifelsohne darüber gehört würde, abermahl· Noth geben." Dorothea Maria ließ hiernach ab von ihrem Plan.

Da trat drei Jahre später unvorhergesehen eine
neue Wendung ein, die wieder die ganze Vormund-
schaftsfrage zum Gegenstande der offenen und geheimen Aktionen machte. Churfürst Christian II. starb

---

Johann Ernst an Hortleder.

Salutem et clementiam nostram!

Clarissime et consultissime Domine Praeceptor, fidelis
dilecte, Si cum tua familia valeres esset id mihi pergratum;
me, fratrem, totumque comitatum scias salvum et incolumem.

Ne autem putares, me tui oblitum et venationi totum
deditum esse, has litteras ad te exarare teque clementiae
et studii mei in te certificare volui.

De reditu nostro nihil certi habemus, alias poenitet
me, studia nostra atque exercitia tam diu esse in suspenso,
praecor autem Deum optimum Maximum, ut tempus nobis
ad studia nostra continuanda imposterum qua quietissimum
reditumque nostrum quam felicissimum esse sinat.

Haec paucula ad te scripsi, ut et meum tibi demon-
strarem amorem et ego litterarum tuarum mihi jucundissi-
marum particeps fierim. Vale mi Praeceptor dilectessime
et Dominum Praefectum morum Fridericum a Kospot atque
M. Winterum plurimum saluta.

Masfeldiae 3 die Octobris Anno 1612.

Dominus tuus semper clemens
Johannes Ernestus.

plötzlich im Juni 1611 in Folge eines Schlaganfalles und hatte die churſächſiſche Vormunbſchaft ſchon unter dieſes Fürſten Regierung, beſſen Rechtſchaffenheit und Uneigennützigkeit ſelbſt von älteren Weimariſchen Ge- ſchichtsſchreibern gerühmt wird, ſich als unerwünſcht für die Intereſſen des Weimariſchen Hofs erwieſen, ſo mußte bies in noch viel höherem Grade von der Vor- munbſchaft eines Fürſten wie ſein Nachfolger Johann Georg zu erwarten ſtehen, beſſen Charakter die Ge- ſchichte in einem wenig vertrauenerweckenden Lichte zeigt.

Johann Georg beeilte ſich ſehr, den Räthen zu Weimar zu eröffnen, daß er an ſeines Bru- bers Statt nunmehr die Vormunbſchaft über die

---

Derſelbe an benſelben.

Salutem clementiamque meam.

Vera gratulatio, charissime et mihi plurimum obser- vande domine praeceptor, nunquam fuit sera; veram autem fuisse tuam gratulationem verba non tantum, sed etiam ani- mus fidelis et mihi satis notus, spectatus atque probatus, imo res ipsa demonstrat; nam quantam felicitatem infor- matione tua in me collocasti, neminem fugit: quantam dili- gentiam res nostras gravissimas graviter explorare et luce meridiana clarius facere impendisti, fugit ne hoc quidem. Quapropter cum vera sint veras quoque tibi referri gratias cupio, quae non tantum verbis sed etiam re ipsa et multo vehementiores aguntur, si Deus sit annuturus voto tuo, quod ut fieri sinat, etiam atque etiam rogo.

Interim talem me invenies qualem me desideras. VALE.

Johannes Ernestus.

Weimarischen Prinzen fortführen werde. Aber auch
Dorothea Maria und ihre Räthe ließen es ihrerseits
an nichts fehlen, was dazu führen konnte, die chur=
sächsische Vormundschaft zu beseitigen, und zwar wo=
möglich durch Erlangung des Altersdispenses (der
venia aetatis) für den inzwischen dem 18. Jahre nahe=
gerückten ältesten Prinzen Johann Ernst. Zu diesem
Ziele wurden folgende Wege eingeschlagen.

In Erwiderung auf jene churfürstliche Eröffnung
wegen Fortführung der Vormundschaft sprachen Kanz=
lar und Räthe zu Weimar den „gehorsamsten Dank
dafür aus, daß der neue Churfürst sich der fürst=
lichen jungen Herrschaft an Vaters Statt anzunehmen
gemeinet sey,“ brachten aber zugleich, wie sie ausdrück=
lich hinzufügten, „uff gnediges Erinnern der hoch=
gebornen Fürstin und Frauen Dorotheen Marien
an, daß, wenn auch Herzog Johann Ernst noch zur
Zeit seine voigtbaren Jahre nicht erreichet, sie doch
unterthenigst dafür hielten, daß es ihnen in alle Wege
gebühre, in Gehorsamb zu berichten, daß sich bei Sr.
Fürstl. Gn. Gottlob ein solcher fürstlicher Verstand
und hochrühmliche Discretion nebenst dem, daß Se.
fürstl. Gn. löblichen studiret und sich in fürstl. Tu=
genden noch mehreres üben, befinden, daß sie hoffen
dürffen, wenn es Gott, den Allmechtigen, folgendeß
der römisch kaiserl. Majestät und dann Sr. Chur=
fürstl. Gnaden gesellig, der junge Herzog solle nun=
mehr mit Beystand göttlicher Hülffe nicht unfrucht=
barlich zum Regiment gebrauchet werden können. Sie

stellten demnach zu des Churfürsten gnädigstem Nach=
denken und Gefallen, ob er etwa bei allerhöchster=
wehnter Römisch=kaiserlicher Majestät für den Prinzen
venia aetatis zu impetriren geruhen wolle, sintemahl
dadurch Se. Churfürstl. Gnaden ihrer schweren und
weitabgelegenen Vormundschaften, sodann in den an=
dern schwebenden Differenzen, so bis dato zwischen
beiderseits fürstlichen jungen Herrschaften vorgelauffen
und noch anhängig seien, in etwaß erleichtert werde.
Sr. Churfürstlichen Gnaden hätten sie dies, unter=
thenigster Wohlmeinung, jedoch ohne einige Maaß=
gebung, nicht bergen sollen, unterthänigst bittende,
eß geruhe dieselbe, solches gnedigst zu vermerken.
Sollte aber je, wie der Churfürst selbst angedeutet
habe, an dem einen oder andern Orte" (das sollte
heißen: von Seiten Johann Casimir's) „etwas Aehn=
liches wie zu Anfang der Vormundschaft attentiret
werden, so würden sie Sr. Churfürstl. Gnaden dies
unverzüglich, bei Tag und Nacht, uff der Post un=
terthänigst berichten, auch immittelst sich an Niemand
Anderes halten, als an Se. Churfürstl. Gnaden, des=
sen Anordnungen sie zu befolgen schuldig und getreuen Fleißes bereit und willig seyen und dessen
gnädigster Protektion sie sich empföhlen."

Aber auch diesmal verstand man in Dresden
rasch zu handeln. Bereits am 2. Juli meldete der
neue Churfürst zwei seiner Hauptleute, Gangloff Than=
gel und Georg v. Nißmitz, in Weimar an, „um bei
Seinen in Vormundschaft verordneten Kammer= und

Hofräthen zu Weymar etzliche Sachen zu vorrichten
und bei dieser Gelegenheit die Fürstin Witwe anzu=
sprechen"; und als dieselben ankamen, ergab es sich,
daß ihr Auftrag dahin ging, die fürstlichen Räthe
für den neuen Vormund in Eid und Pflicht zu neh=
men und überhaupt von der vormundschaftlichen Re=
gierung für den neuen Churfürsten Besitz zu ergreifen.

Dorothea Maria ließ sich aber dadurch nicht ab=
schrecken, ihr Ziel weiter zu verfolgen; sie setzte viel=
mehr für dasselbe alle ihr zu Gebote stehenden Hebel
in Bewegung. Wessen sie sich von Kaiser Rudolph
zu gewärtigen hatte, das lag klar und deutlich
vor. Der gänzlich schwache und thatunkräftige Kaiser
Rudolph war umso weniger geeignet und gemeint,
dem mächtigen Churfürsten von Sachsen um Wei=
mars willen entgegenzutreten, als dieser ihm in sei=
ner großen Bedrängniß, die ihm zu einem Theile von
seinen eigenen nächsten Verwandten, zum andern von
seiner eigenen Thorheit bereitet ward, fast allein noch
mit Rath und That hülfreich oder doch vermittelnd
zur Seite stand. Rudolph war, damals vollends,
nur noch der Schatten eines Kaisers. Sie mußte sich
also, bei so traurigem Zustande des Reichs, nach an=
deren Freunden und Helfern umsehen. Sie lagen
nahe.

Es war damals die Zeit, wo die bedrückenden
Vorschritte der katholischen Reichsstände gegen die
Bestimmungen des Passauer Vertrags und des Re=
ligionsfriedens das engere Aneinanderschließen der

8*

meisten protestantischen Reichsstände in der 1609 zu
Hall geschlossenen protestantischen Union hervorrie-
fen, welcher sich bald darauf (1610) die Würzburger
katholische Ligue gegenüberstellte, ein Gegensatz, welcher acht Jahre später in jene unheilvolle 30jährige
Selbstzerfleischung Deutschlands losbrechen sollte. Die
hauptsächlichsten Glieder der protestantischen Union
waren die nächsten Verwandten und Freunde des
Weimarischen Hauses. Dorothea Maria's Bruder,
der ausgezeichnete Fürst Christian zu Anhalt, war
der Hauptsprecher und Deputirte der Union vor dem
Kaiser gewesen, dem er die Beschwerden der verbün-
deten protestantischen Fürsten ernst und eindringlich
selbst vorgetragen hatte. An die meisten dieser Fürsten richtete sie ihre Bitte um Unterstützung ihres
Gesuchs wegen Ertheilung der venia aetatis für ihren
ältesten Sohn und durfte bei ihnen umso lebhafterer
Unterstützung gewärtig sein, je mehr die Union selbst
erwarten durfte, in dem mündig gesprochenen jungen
Herzog Johann Ernst ein neues Mitglied zu erwerben. So an die Vettern Johann Casimir in Koburg, Johann Ernst in Eisenach, Johann Friedrich
von Württemberg. An den Landgrafen Moritz von
Hessen und an die Markgrafen Christian und Joachim
Ernst von Brandenburg zu Kulmbach und Baireuth
sandte sie ihren auswärtigen (in Schweinfurt wohnhaften) Rath D. Paulus Prückner; an den Churfürsten Johann Sigismund von Brandenburg den von
Lehmdorf, der auch dem churfürstlichen Geheimen

Rath Grafen von Lynar ein Schreiben überbringen
mußte; an ihren Bruder Ludwig zu Anhalt ihren
Hofmeister Friedrich von Cospoth; um Verwendung
beim Landgrafen Ludwig von Hessen in Speyer bat
sie den berühmten Lehnrechtskenner jener Zeit Hein=
rich von Rosenthal. Nicht minder schrieb sie, da sie
auch die geistlichen Churfürsten zu gewinnen wünschte,
an den churtrierschen Geheimen Rath Nitzer.

Der Herzog Friedrich von Württemberg war
der Erste, welcher antwortete, und der Bereitwilligste
zur Erfüllung der Weimarischen Wünsche; er sandte
alsbald sein an den Kaiser gerichtetes Verwendungs=
schreiben mit hieher. Aber er war und blieb auch
der Einzige, der so unbedingt that, was man von
ihm wollte.

Herzog Johann Casimir in Koburg antwortete
(d. d. Tennebergk den 7. Juli) in einer Weise, welche
deutlich erkennen ließ, daß ihm und seinem Bruder
Johann Ernst zu Eisenach jetzt gar nichts mehr daran
gelegen war, in diese Vormundschaftssache wieder,
und zwar als Gegner des Churfürsten, gezogen zu
werden, da ihm inzwischen wegen anderer Angelegen=
heiten*) die „gute Gesinnung" des Churfürsten viel

---

*) Unter diesen „anderen Angelegenheiten" war ohne Zweifel
das Trachten der Brüder Johann Ernst in Eisenach und Johann
Casimir in Koburg darnach gemeint, daß in ihrem kaiserlichen
Lehnbriefe „die nachdenkliche und aufrückliche Klausul wegen ihres
Vaters, weiland Herzog Johann Friedrichs des Mittleren, be=
gangenen criminis laesae Majestatis — doch salva substantia

wichtiger als vordem geworden sei und er in dieser
„mehr Hinderung als Beförderung" von dem ver=
letzten churfürstlichen Hofe fürchten müsse, ohne doch
den jungen Vettern helfen zu können. Johann Ca=
simir bat daher, ihn aus dem Spiele zu lassen; man
möge ihm nicht verdenken, daß er, „um nicht neuen
Mißverstand zu wecken, etwas ahn sich halte." Seine
Vorsicht dem churfürstlichen Hofe gegenüber ging so=
weit, daß er bat: wenn die Herzogin oder die Ihrigen
etwa gefragt würden: ob er im Präcedenzstreite zu
Rathe gezogen worden sei? möchten sie zur Antwort
geben: daß es zwar nicht ohne, daß er aber jederzeit
Bedenken getragen, sich darein zu schlagen oder etwas
anzunehmen, was der Vormundschaft halben nach=
benklichen, sondern sich neutrale vermerken lassen."
Und Dorothea Maria sagte dies in einem Antwort=
schreiben vom 12. Juli zu.

In Eisenach, wo D. Paulus Prückner (nach
Inhalt eines Privatbriefes an seinen Schwager Heuß=
ner in Tenneberg) „nicht humaniter, multo magis
barbarice sed fideliter et teutonice pokuliret hatte,"
so daß er sich zu dem Schlusse veranlaßt fand: „si
excessi modum peto veniam; ein andermal will ich
mich besser halten", — in Eisenach fand Prück=
ner auch bei den Räthen dieselbe Rücksicht auf Chur=

---

et successionis praerogativa — außengelassen werde," — was
sie damals eben mit Hülfe des Churfürsten von Sach=
sen vom Kaiser zu erlangen suchten und 1612 auch erlangten.

sachsen, von welcher das Schreiben Johann Casimir's bereits Zeugniß abgelegt. Prückner konnte dies nicht begreifen; in dem schon erwähnten Privatbriefe äußert er hierüber: „Vorm Trestenischen Filz*) dürf= ten sie (die Eisenachischen Räthe) sich so hoch nicht fürchten, und do es schon geschehen, können sie den= selben kalt wieder abschütteln. Mich wundert, daß sie sich so gar sehr auf den locum in metum legen. Wann wir so freie Hand hetten als sie, so wollten wir uns wohl herausreisen, aber so müssen wir schweigen, daß wier schwitzen. Gott helf' uns auf einmal in die Freiheit, darnach wollen wir uns weit= lich weren."

Von Eisenach ging Paulus nach Kassel an den Hof des Landgrafen Moritz von Hessen, machte aber auch hier kein sonderliches Glück, denn er rathet der Herzogin, sie möge lieber persönlich auf den Land= grafen einzuwirken suchen, das werde — nach seinen Aeußerungen über die Herzogin zu schließen — eher fruchten.

Darauf begab sich Prückner nach Schweinfurt, seinem Wohnorte, den er wegen seiner großen Oeko= nomie, die er nebenbei selbst verwaltete, nicht gern verließ und wo er auf weitere Weisungen wartete. Immittelst hatte Churfürst Johann Sigismund von Brandenburg (wiederum aus Rücksicht auf den chur=

---

*) D. h. Nase, Verweis.

sächsischen Hof) eine ausweichende Antwort ertheilt: obwohl er „Ihro Liebden, Dero Söhnen, auch Landt und Leutten alle gedeihliche wolfart gerne gönne, wisse er doch nicht, wie die von ihm begerte inter-position bei der Chur Sachsen möchte aufgenommen werden, zumal da ihm desselbigen Hauses Herkommen und Verträge fast unbekannt. Er wolle sich aber er-kundigen und soviel thunlich, Ihro Liebden und der Ihrigen Bestes dabey in Acht nehmen."

Vom Hofe des Markgrafen Christian dagegen (im Namen des geheimen Raths Grafen von Lynar) war der Rath ertheilt worden: man möge vor allen Dingen die Räthe zu Dreßden zu gewinnen suchen. Dann fänden die rationes viel bessern Eingang. Auch den Herzog Johann Casimir, dessen Mitwirkung von großem Werthe sei, wolle Graf Lynar möglichst da-zu zu bestimmen suchen. Vom Markgrafen Joachim Ernst von Brandenburg hatte Dorothea Maria eine Antwort erhalten, die sie für eine günstige ansah, und da dieser Fürst eben nach Rottenburg an der Tauber zum Unionstage zu gehen im Begriff stand, wies sie Prücknern an, ebenfalls dahin sich zu bege-ben und dort, wo er weiter auch noch ihren Bruder Christian und Chur-Brandenburgische Gesandte tref-fen werde, für die Sache zu wirken.

Der Rechtsgelehrte Heinrich von Rosenthal in Speyer, der, neben Ertheilung seines weithin gelten-den juristischen Raths hauptsächlich zur Einwirkung auf den Landgrafen Ludwig von Hessen ausersehen

war, versprach letztere, rieth aber nach vertraulicher
Besprechung „mit einem alten weisen Herrendiener"
doch zugleich: wenn auch das Verwendungsschreiben
des Landgrafen eingegangen sein werde, doch noch
ein wenig damit zu warten, bis man erst einiger=
maaßen gesehen, wie der neue Churfürst sich in der
Vormundschaftsführung anlasse, namentlich auch in
der Präcedenzsache; er selbst (von Rosenthal) wolle in
derselben Richtung auch Erkundigung bei seinen Kor=
respondenzen mit verschiedenen Fürsten und deren
Räthen einziehen. Ferner und hauptsächlich rieth er
den Weg zum Ziele durch einen Fürsten zu bahnen,
der den größten Einfluß auf den Churfürsten von
Sachsen sowohl als auf den Kaiser selbst besitze, den
Herzog Heinrich Julius zu Braunschweig. Dieser
war „Sr. Kayserl. Majestät geheimen Raths oberster
Direktor" und „als ein evangelischer Fürst, welches
vor diesem am kaiserl. Hofe nicht viel erhöret wor=
den, dergestalt zu kaiserl. hohen Diensten erhoben
worden, daß er die kaiserlichen geheimbten sowohl als
auch Justitienräthe und den ganzen kaiserlichen Hof=
stat als ein Statthalter gubernirte, reformirte und
dirigirte."

Alsbald sandte Dorothea Maria an diesen in
Prag residirenden Fürsten ihren auswärtigen (in Leip=
zig wohnhaften) Rath Georg Winter und nach Dres=
den selbst, wo nach Lage der ganzen Verhältnisse,
bei dem großen Gewichte der churfürstlichen Stellung
und Entschließung, eigentlich die Entscheidung zu ho=

len war, ihren Hofmeister Caspar von Miltitz. Georg Winter erhielt die Instruktion, auf seinem Wege sich in Leipzig mit dem Rechtsgelehrten Laurentius Braun, in Dresden mit Caspar von Miltitz zu besprechen, in Prag selbst aber hauptsächlich mit dem Weimarischen Agenten Leander Rueppel und mit dem dem Weimarischen Hofe ergebenen Reichshofrathe Freiherrn Wackherr von Wackenfels, sich zu berathen und den Herzog von Braunschweig möglichst zu gewinnen für die Weimarischen Anliegen. Diese waren in Prag verschiedener Art. Einmal waren sie, wie bekannt, auf Ertheilung der venia aetatis an den Herzog Johann Ernst von Seiten des Kaisers gerichtet; und hierbei wurde die Frage gestellt: ob es etwa gerathen sei, daß der Prinz selbst sich in Prag präsentire, „der kayserlichen Majestät uffwartte und sich an Dero Hofe bekannt mache." Demnächst aber sollte Winter auch in der Präcedenzsache auf die Auswirkung eines kaiserlichen Reskripts wegen Aussetzung dieses Streits, namentlich auch darauf hinarbeiten, daß in dem neuen kaiserlichen Lehnbriefe für den neuen Churfürsten Johann Georg nicht etwa „erzählend" die Altenburgischen Prinzen den Weimarischen vorgesetzt würden, und erkunden, ob es sich nicht empfehle, wegen des erlassenen ungünstigen kaiserlichen Dekrets die bis dahin nur vor Notar und Zeugen verlautbarte appellatio a Caesare male informato ad melius informandum nunmehr am kaiserlichen Hofe selbst einzureichen.

Der Herzog von Braunschweig antwortete der Herzogin Dorothea Maria selbst: „Er wolle gern das Anliegen derselben in der Präcedenzsach● nach Kräften fördern helfen. Es könne aber wegen des Zusammenfallens vieler wichtiger Verhandlungen nicht sobald geschehen. Die Herzogin möge sich also gedulden und ihren Prinzen Johann Ernst vor allen Dingen selbst nach Prag schicken. Das sei unter allen Umständen gut; „es hett noch keinen Fürsten gereutt, welcher sich an Sr. Kaiserl. Majestät Hof persönlichen verfüget und daselbst Ihro Majestät nicht allein uffgewartet, sondern sich auch mit derselben und Ihrem ganzen Hofe bekannt gemacht; sie weren dadurch gar groß gewordenn." Die Herzogin erwiederte dankbar für die versprochene Hülfe und für die vielen, dem Rath Winter gewährten Audienzen, und versprach den Sohn nach Prag zu senden; sofort ohne Vorbewußt und Konsens des Vormundes könne das nicht geschehen; aber „mit der Zeit werde es sich wohl schicken." Zugleich empfahl sie ihre Angelegenheiten weiter dem Schutze des Herzogs. Die appellatio ad Caesarem melius informandum ward entworfen und eingereicht und zugleich, um es Sr. Majestät zu erleichtern, ein Entwurf des Dekrets beigefügt, wie man es in Weimar zu erlangen wünschte. Aber der churfürstliche Vormund scheint seine Einwilligung zur Reise des Mündels nach Prag nicht gegeben zu haben; wenigstens ist letztere nicht erfolgt.

In Betreff der venia aetatis selbst endlich wurden auch keine Erfolge erzielt. Dorothea Maria war mit ihren beiden ältesten Söhnen nach Dresden zum churfürstlichen Leichenbegängniß eingeladen worden. Sie nahm die Einladung für sich an, lehnte sie aber für ihre Söhne ab, um dieselben nicht, bei gleichzeitiger Anwesenheit der Altenburger Prinzen, unangenehmen Vorgängen in Betreff der Präcedenz auszusetzen. Voraus aber war — wie schon erwähnt — ihr Hofmeister Caspar von Miltitz an das churfürstliche Haus gesendet worden, um allen Gliedern desselben (durch besonderes Einführungsschreiben bei jedem derselben introduzirt) in besonderen Audienzen zu condoliren, dem neuen Churfürsten zu gratuliren, das Ausbleiben der Prinzen beim Leichenbegängnisse zu entschuldigen, das Gesuch um venia actatis beim Churfürsten ins rechte Licht zu stellen und nach allen Seiten und auf allen Wegen zu betreiben und endlich auch zugleich auf eine anderweite Beilegung des Präcedenzstreits in der Weise hinzuarbeiten, daß ein Wechsel in der Präcedenz zwischen den Weimarischen und den Altenburgischen Fürsten eintrete, ohne Präjudiz für die Successionsrechte beider Theile.

Caspar von Miltitz hatte schon von D. Laurentius Braun, den er in Dresden traf, zu vernehmen, wie auch diesem, ganz ebenso wie dem Herrn von Rosenthal, ein so schnelles Vorgehen zur Beseitigung der chursächsischen Vormundschaft, ehe noch der entschlafene Churfürst bestattet sei, „stracks im

erſten Augenblick und Anfang," und durch dieſelbe
Perſon, die zur Kondolenz abgeſendet worden, nicht
als zweckdienlich erſcheinen könne. Ebenſo äußerte ſich
Carpzow, der dem Weimariſchen Hauſe ergeben war.
Da nun aber Alles einmal ſchon ſoweit eingeleitet
war, mußte man ſchon des Weges weiter gehen.

In der That fand jene Beſorgniß ihre volle
Beſtätigung. Es währte ziemlich lange, ehe Cas=
par von Miltiz die begehrte Audienz beim Chur=
fürſten erhielt, was mit der Anweſenheit ſo vieler
Fürſtlichkeiten und „taglichen uff und ab= ziehen, der
kaiſerl. und königl. Geſandten" entſchuldigt ward.
Zu dieſer Audienz aus ſeiner „Herberg zum gül=
denen Löwen" von 4 Edelleuten ins Schloß abgeholt
und durch den Präſidenten des geheimen Raths, von
Schönbergk, in das Audienzzimmer eingeführt, fand
er daſelbſt den Churfürſten umgeben von 7 Gehei=
men Räthen, mit denen er, nach Anhörung der An=
rede des Geſandten und Empfangnahme ſeiner Schrei=
ben, ſich in eine Fenſterniſche zurückzog, um die
Schreiben zu erbrechen, zu leſen und deren Inhalt
mit den geheimen Räthen zu beſprechen. Balb dar=
auf trat der Churfürſt wieder heran, erwiederte auf
Condolenz und Gratulation, in Bezug auf das Ge=
ſuch um Befürwortung; der venia actatis aber be=
hielt er ſich Weiteres vor. von Miltiz konnte dabei
bemerken, daß dies Geſuch ihm „nicht anmuthigk ge=
weſen." Balb darauf erfolgte denn auch in einem
Schreiben an die Herzogin, noch ehe dieſelbe ſich zur

Begräbnißfeier in Dresden eingefunden, eine abschlägliche Antwort: theils weil der neue Churfürst die
Vormundschaft bereits angetreten habe, theils „auch
aus anderen mehr bewegenden Ursachen" könne er
dem Gesuche um Beförderung des fraglichen Gesuchs
nicht stattgeben, sondern „bitte freundlich, ihn deßhalb entschuldigt zu halten."

Den Weimarischen Räthen war, wie man unter
der Hand erfuhr, ihr Schreiben in Dresden besonders übel genommen worden, „es hette darauf gestanden, daß ihnen ein Verweiß und Filz zugeschrieben worden were; man hätte sie aber geschonet und
dafür angesehen, daß sie ohne Zweifel der Frau
Herzogin darin unterthenig hetten willfahren und gehorsamen müssen." Ueber die „bewegenden Ursachen"
aus denen die abschlägliche Antwort des Churfürsten
hervorging, wurde viel konjekturirt: Einige schrieben
sie, wie schon erwähnt, dem unzeitigen vorschnellen
Hervortreten zu; „Etzliche" — heißt es sodann —
„gerathen in diese Gedanken, man wolle dem neuen
Herrn Vormunde nicht soviel zutrauen, oder sich der
Vormundschaft nicht allein entschütten, sondern neben
der Vormundschaft über die Herren Brüder auch diejenige über die Herren Vettern (in Altenburg) und
dann, welches noch mehr, die Präcedenz, Vorgang
und Primogenitur affektiren, suchen und haben." Mit
Einem Worte: man dachte in Dresden nicht daran, die
vormundschaftliche Regierung der Weimarischen Lande
früher als unbedingt nöthig, aufzugeben, oder das

Ende derselben beschleunigen zu helfen und schlug dies „aus bewegenden Ursachen" rund ab.

Hiermit schließen die Akten über die Bemühungen der Herzogin Dorothea Maria, die chursächsische Vormundschaft über ihre Söhne durch Erlangung der venia aetatis zu beseitigen. Alle diese, in so umfassender Weise von ihr angesponnenen Fäden rissen erfolglos ab, an der Unerschütterlichkeit, an der Macht und dem weitreichenden Einflusse des chursächsischen Hofs zerschellend.

VIII.

Der Altenburger Praecedenzstreit vor Kaiser und Reich.

Dorothea Maria hatte also gegen das kaiserliche Dekret vom 27. September 1607, das in dem Präcedenzstreite mit Altenburg ergangen war, erst im Stillen, dann in Prag selbst „vom Kaiser an den Kaiser" appellirt. In den zunächst folgenden Jahren war diesem Schritte keinerlei Folge gegeben worden. Als aber Kaiser Rudolph allmählig immer unhaltbarer und ein Wechsel auf dem deutschen Kaiserthrone immer wahrscheinlicher ward, hielt man in Weimar diese Lage der Dinge nicht für ungünstig einer neuen Prüfung jener Streitsache und des darin eingehaltenen Verfahrens. Jene Appellation ward daher am 15. Juni 1611 einer ganzen Reihe von Chur- und anderen Fürsten des Reichs mit der Bitte um Unterstützung mitgetheilt und bei den Churfürsten zumal durfte sie in der That umso eher auf Begünstigung hoffen, als diese — wie wir oben schon bemerkt — in jenem kaiserlichen Dekrete leicht einen Eingriff in ihre churfürstlichen Prärogativen

erblicken konnten. Auch an persönlichen Sendungen
ließ es Dorothea Maria nicht fehlen. An den land-
gräflichen Hof zu Cassel und nach Rotenburg, wo
eben zum protestantischen Unionstage eine Reihe be-
freundeter Fürsten versammelt war, sandte sie den
Dr. Paulus Prückner, an die Höfe von Churpfalz
und Darmstadt Heinrich von Rosenthal, nach Nürn-
berg sodann, wo sich die Churfürsten zu einem Kol-
legialtage vereinigten, den Dr. Melchior Goldast mit
P. Brückner. Aber zu einer Verhandlung dieser
Sache im Churfürsten-Kollegium war damals keine
Zeit; man vertröstete auf den nächsten Kollegialtag,
der im Frühling des nächsten Jahres 1612, wahrscheinlich in Frankfurt, stattfinden werde.

Es handelte sich also nunmehr darum, an das
Churfürsten-Kollegium einen förmlichen Antrag zu
richten, denn „ohn ersuchung, auß eigner bewegnuß"
würden, wie Goldast ganz richtig bemerkte, die anderen Churfürsten schwerlich zu bewegen sein, beim
Churfürsten von Sachsen Schritte deshalb zu thun.
Werde aber solch' ein förmlicher Antrag gestellt, so
stellte der sachkundige Goldast kein ganz ungünstiges
Prognosticon: Chursachsen, als betheiligt, werde vom
Rathe bleiben, und alsdann wären vermuthlich drei
Churfürsten auf Weimarischer Seite: Böhmen, Pfalz
und Brandenburg, und diese würden den „ganz und
gar an Chursachsen ergebenen und hangenden" geist-
lichen Churfürsten wohl gewachsen sein. Und in der
That gestalteten sich die Umstände immer günstiger

9

für Weimar. Am 20. Januar 1612 starb Kaiser
Rudolph. Es stand also ein churfürstlicher Kollegialtag, nämlich der Wahltag zur Wahl des neuen Kaisers, in naher Aussicht, und auf ihm erschienen ohne
Zweifel die für Weimar günstig gestimmten Churfürsten in Person. Zugleich hatte Goldast mit einem
der hauptsächlichsten Räthe des Königs Mathias von
Böhmen, dessen Wahl zum Kaiser in Aussicht stand,
dem Freiherrn von Pollheim, nähere Bekanntschaft
angeknüpft und von diesem den Rath empfangen, daß
Dorothea Maria noch einmal sich an den König Mathias wenden möge. „Aber an solchen Höfen die
Brieff bald beiseits geleget und ohne persönliche an-
haltung nicht leichtlich verfertiget würden." Er rieth
daher, daß Dorothea Maria einen Mann ihres Vertrauens, der am Hofe zu Prag bekannt sei, absende
und beim König mündlich um Resolution bitten lasse.
Pollheim deutete dabei auf die Wahl Goldast's selbst
zu dieser Mission und versprach, daß, wenn dieser sich
bei Niemand Andrem als bei ihm anmelde, er ihm
unverzüglich audientz bei der Majestät verschaffen
werde. Diese werde dann Räthe zur Prüfung der
Sache deputiren und deren director werde er — das
wisse er schon — seyn und die Sache in wenig Tagen zu einem gewünschten Ende bringen. Für die
Geneigtheit des Königs hierzu bürge ihm vieles.
Nicht allein die große Gunst, in welcher der Bruder
der Herzogin, Fürst Christian von Anhalt und Goldast
selbst beim König stünden, sondern auch, daß der Kö-

nig eine solche intercession „für ein actum halten
würde, dadurch er als ein König v. Beheim einen
eingang machen könnte zu seinen alten billigen und
gebürlichen Rechten, von welcher possession und üb=
ung ettliche vorgehende Könige geschritten und auß
unachtsame abgetreten."

Nach einer mündlichen Besprechung, zu welcher
Goldast nach Reinhardsbrunn berufen ward, betraute
ihn Dorothea Maria mit der Mission nach Prag.
Goldast erhielt bald, „vor allen andern anwesenden
fürstlichen Gesandten", die gewünschte ³/₄ stündige
Audienz, in welcher er sein mündliches Anbringen
durch Uebergabe einer umfassenden schriftlichen Aus=
führung der Weimarischen Ansprüche unterstützte. Am
Schlusse erhielt er vom König, obwol noch nicht ein=
gehend auf die Sache selbst, unter freundlicher Hand=
reichung die Zusicherung bester Geneigtheit zu „Er=
weisung von Freundschaft, Liebe und gutem Willen."
Nachdem Goldast abgetreten war, haben — so er=
zählt er selbst — „die aufwartenden Grafen und
Herren gesagt, daß, so lang Ihre Majestät anwesend
seyen, keinem königlichen, chur= noch fürstlichen Ge=
sandten so lange Audientz sey gestattet worden." Kö=
nig Mathias befahl den Räthen, diese Angelegenheit
vor allen anderen zu behandeln. An der Spitze der
Räthe stand aber nicht Pollheim, sondern Bischof
Glösel, und zwar, wie bekannt, als „das wahre fac
totum in allen Dingen, klein und groß, geistlich und
weltlich." Auch er aber und die übrigen Räthe
9*

waren den Weimarischen Wünschen |vollkommen ge=
neigt und so fiel die Resolution dahin aus, daß
„Ihre Majestät allen möglichen Fleiß anwenden
wollten, damit die sach vor die Hand genommen, das
(kaiserliche) Dekret examiniret und der Proceß er=
neuert werde." Die nachfolgende schriftliche Ant=
wort d. d. Prag den 2. März 1612 verwies jedoch
zugleich ganz richtig darauf, „daß dies ein solches ne=
gotium sei, so für das churfürstliche gesambte colle=
gium gehörig, und dabei den anderen Mit=Churfür=
sten fürzugreifen nicht gebüre. Wann aber diese
Sache daselbst collegialiter fürkomme, würden als=
dann Ihro Majestät dieses Anbringens eingedenk
seyn und was begehrter Maaßen zu entschied oder
vermittelnuß dieser sachen dienstlich seyn werde, alß
ein fürnehmes Mitglied desselben dabei das Ihrige
trewlich zu thun nicht unterlassen."

Von Prag ging Goldast über Heidelberg, wo
er einer der seinigen entgegengesetzten Auffassung der
Rechtsfrage Seitens der churpfälzischen Räthe be=
gegnete und in Klagen über die große Verbreitung
dieser entgegengesetzten Rechtsansicht ausbrach, die
von den Professoren auf den hohen Schulen her=
rühre, — nach Frankfurt a. M. Denn inzwischen
war die Zeit der neuen Kaiserwahl, zu welcher
das Churfürstenkollegium sich dort versammeln wollte,
herangerückt und Prückner und Goldast sollten,
Kraft eines gemeinsamen Kreditivs vom 3. Mai

1612, die Eingabe der Herzogin an das churfürstliche
Kollegium dort befördern und vertreten. Fürst Chri=
stian zu Anhalt und Markgraf Joachim Ernst von
Brandenburg, stets zaghaft und hoffnungslos, hatten
auch jetzt gerathen, lieber die Wahl des neuen Kai=
sers erst abzuwarten. Aber Dorothea Maria selbst
war die Energischeste und Unverzägteste unter al=
len ihren Freunden, Rathgebern und Verwand=
ten. Sie hielt dies Zögern nicht für richtig;
denn — sagte ihre Instruktion für Prückner und
Goldast — „obgleich von Ihrer Kayserl. Majestät
alles gutes und rechtmäßiges alleruntertthänigst zu
hoffen, so wisse man doch, was den Dienern zu
trauen und wie bald sich dieselben korrumpiren lassen
und wie in den kaiserl. Hofprocessen verfahren werde.
Sei dagegen die Sache einmal vom churfürstlichen
Collegio angenommen und Bescheid darin ertheilt,
so könne kaiserl. Majestät inhalts der Capitulation nicht
vorbei, den Proceß auf die maße zu continuiren.“
Der jetzige Zeitpunkt sei aber zu solchem Anbringen
beim churfürstlichen Kollegium darum besonders gün=
stig, weil die Herren Churfürsten während des interregni und vicariats „in solchen Sachen, so ihr eigen
interesse und Hoheit beträfen, niemand zu scheuen
hätten, und solch eine occasion werde vermuthlich
sobald nicht wieder kommen.“ Nichtsdestoweniger
sollten bei der Betreibung der Sache beim Fürsten=
Kollegium Prückner und Goldast sich zumeist an den
Fürsten Christian und den Markgrafen Joachim Ernst

in Frankfurt halten. Der Antrag der Eingabe selbst*)
war in erster Linie auf Inhibition der Altenburgischen
Anmaaßungen, falls aber eine Erörterung der Sache
für nöthig befunden werde, in zweiter Linie auf Eröffnung eines ordentlichen Appellationsprocesses und

---

*) Der Gedankengang der ganzen Weimarischen Petition
an das Churfürsten-Kollegium war folgender: Zunächst ward
hervorgehoben, daß in dem Präcedenzstreite „nie einiger Proceß, petition, Klage und Antwort angestellet und ergangen, nirgendt einiger Kläger oder Beklagter vorhanden, auch weder Kayf. Majestät kraft der gülden Bull noch des Herrn Churfürsten (von Sachsen) Liebden wegen gesammter Vormundschaft
dieser Sachen Richter seyn können. Inmaßen dann auch der
Chur- und fürstl. sächf. zur Naumburg 1554 ufgerichtete und
durch kayf. Majestät bestetigte Vertrag von Auſträgen viel einen
andern Richter, formb und modum procedendi weise und für-
schreibe, — auch keine richtige productio actorum fürgangen, sondern baldt ein Stück zue Dresben, baldt zue Praga unordentlich
einkommen und bald hieher baldt dorthin geschickt, viel weniger
Weimarischer Theil genugsamb gehöret worden." Hierauf wurde
weiter ausgeführt, „daß das in der Sache ergangene kaiserl. decret sich als eine interpretation, extension und erklerung der
goldnen Bulle" darstelle, eine solche aber in Gemäßheit der Wahl-
kapitulation „ohne vorbewußt, rabt und einwilligung der Reichsstände nicht geschehen dorffen noch können." Sie (Dorothea Maria) habe daher gegen das fragliche kaiserl. decret a Caesare
male informato ad melius informandum appellirt, und hätte
der Kaiser Rudolph länger gelebt, so würde er auch ohne Zweifel
mit den Reichsständen die Sache reifer erwogen haben. Da er
nun aber Todes verblichen, so wende sie sich an die fürnembsten
Heupter und gliedmaßen des H. Röm. Reichs, patres patriae,
bei benen jetzt, während des vicariats und interregni, summa
rerum stehe, mit der Bitte: entweder bei so klarer Begründung
der Weimarischen Ansprüche die Altenburgischen attentata ohne

— für die Dauer desselben — auf „ein unverfäng=
lich Interimsmittel", etwa Alternation, gerichtet.

Dem Churfürsten von Sachsen sprach Dorothea
Maria in einem besonderen Schreiben die Hoffnung
aus: es „würden ihm hierunter keine ungleiche ge=
danken beiwohnen, vielweniger er sich durch diese
ihre mütterliche sorgfeltigkeit offendiren lassen, son=
dern es vielmehr der sachen hohen nothdurft zuschrei=
ben" und mit den übrigen Churfürsten ihren Wün=
schen entsprechen.

Paulus Prückner, der von Dorothea Maria (wie
es scheint in Reinhardtsbrunn) noch mündliche In=
struktionen erhalten hatte, sollte nach Schweinfurt die
nöthigen Schriften nachgesandt erhalten und von da
auf seinen Posten in Frankfurt sich begeben. Es ging
ihm übel auf dieser Reise. „Ich hab vermeint" —
schrieb er von Schweinfurt aus am 10. Mai — „einen
bessern weg anzutreffen, und die berg zu umbfahren.
So hab' ichs aber, wie Euer Fürstl. Gnaden mirs
sein vorsagten, fast ärger funden, zumal an der Steig
hinter Eisenach und uf demselben waldt, biß gehn

Weiteres inhibiren, oder aber, falls eine nähere Erörterung der
Sache für nöthig gehalten werde, dieselbe wieder auf den Stand,
in welchem sie vor jenem kaiserl. Dekrete sich befunden, zurückzu=
führen, einen wohlgeordneten Appellationsproceß rite ac legitime
zu eröffnen, und für die Zeit seiner Dauer alle verbotene atten=
tata zu suspendiren und ein unverfänglich interims-Mittel —
Alternation oder Abwechslung der praecedentz halb — anzu=
ordnen."

Oettersschwingen, do wegen der Felßen und Stein=
klippen der Gutschen und Pferden gar übel geschehen,
wölt sanfter über den Frauenwald gefahren seyn.
Mitwochen Nachts um 8 Uhr bin ich zu Eisenach an=
kommen, von dannen Churfürstl. Gnaden zu Sachsen
eben den Tag nach Bach vorrückt waren, und hab
ich albo, weil die Meisten hinweg gewesen, die übri=
gen aber noch beysammen gesessen, bei solcher unge=
legenheit nichts außrichten können, sondern mich des
andern Morgens immer uf heim zu gemacht, und
denselben Abend Herrn Johann Günthern Grafen zu
Schwarzburg zu Wasungen troffen, der, Ihro Königl.
Majestät ufn Dienst zu warten, bis nach Würzburg
nachgereiset. Gestern sollen Ihro Königl. Majestät
von Kitzingen zu Würzburg Abends zwischen 5 und
6 Uhr mit Herr Marggraf Joachim Ernst zu Bran=
denburg einkommen seyn und allerseits in die 2000
Pferde zusammengebracht haben. Der Herr Bischof
zu Würzburg soll alle seine abeliche Lehnsleute beschrie=
ben und sich stattlich haben sehen lassen. Der König
soll noch heut zu Würzburg verharren und morgen
(Montags) sich ufn weg nach Frankfurt machen wol=
len. Kahn noch nicht eigentlich erfahren, welche
Straß ihro Majestät vornehmen werden. Nunmehr,
weil ich meine Ausfertigung richtig zusammen hab,
So will ich mich vermittelst göttlicher Gnaden Mor=
gen auf die Reiß machen, auch den nechsten und
sichersten weg vor die Handt nehmen und in zween
Tagen gewiß nit weit von Frankfurt sein, Eher hab'

ichs warlich nit thun können, biß die Pferd ein wenig geruhet, die Gutschen reficirt und ich meine Sachen auch ein wenig angeordnet. Hilfft mir Gott
hin, so will Ew. Fürstl. Gnaden gnedigen Befehl und
anvertraute Schreiben, dem memorial gemäß, wie
auch sonsten der Sachen Nothdurft nach, ich pflicht-
schuldiger gebür in gute fleißige acht nehmen und an
meinem Ort nichts verwinden lassen. Gott geb, das
Ew. Fürstl. Gnaden und aller Dero getreuer Diener
herzlich wunsch wahr werd, und wir alle mit einander einsten mit einem guten bescheid erfreut werden.
Wan wir dißmals nur so viel erlangten, das mahn
die sach annöhm, solche in deliberation zöge und
das übrig biß ufn künftigen Reichstag verschöbe und
unß nit ganz abwieß: So hetten wir meines Erachtens genugsam außgericht, Das würd nun die zeit
und gelegenheit, deren wir erwarten müssen, geben.

„Diesen boten, sowohl mich selbsten, hab' ich darumb etwas aufgehalten, das ich zuvor die relation
derjenigen Leute, so von hinnen gehn Würzburg zum
königlichen Einzug*) gezogen, erwarten wolle, damit
Ew. Fürstl. Gnaden ich etwas Gewisses davon über-
schreiben können. Was ich weiteres ufm weg sehe

---

*) Von Ostern an und unter Zuhülfenahme von Schreinern
und sonstigen Handwerkern selbst aus ziemlich entlegenen Orten, wie Schweinfurt, war in Würzburg Tag und Nacht an
Thoren, Schwibbögen und dergleichen gearbeitet, welches alles zu
Ehren des Einzugs des Königs in Würzburg vom dasigen Bi-
schoffe angeordnet war.

und erfahre, überschicke ich hernach. Damit thue Ew. Fürstl. Gnaden sambt Dero jungen Herren ich in Schutz des Allmechtigen treulich bevehlen."

Wie erwähnt, war Goldast schon vor Prückner in Frankfurt eingetroffen und untergebracht, weil er nicht als Fremder, sondern als Einwohner dieser Stadt galt. Aber um Prückner's Unterkunft, für den, sowie für vier Diener und vier Pferde, Doro- thea Maria ein Logis in Frankfurt bestellt hatte, war Goldast bange, denn die goldne Bulle Kaiser Karls IV. von 1356 (lit. I. § fin.) verbot den Bürgern von Frankfurt, während der ganzen Zeit, welche der Kai- serwahl selbst vorausging, irgend Jemand, wer er auch sei, in die Stadt zu lassen, mit Ausnahme allein der Churfürsten und ihres Gefolges. Goldast hoffte aber doch, Prücknern mit Hülfe der chur-branden- burgischen Räthe noch unterbringen zu können, welche in ihre Zahl noch über 100 Pferde annehmen könn- ten und dürfften. Am 14. Mai traf Prückner in Frankfurt ein. Seine Unterbringung wurde wirklich schwierig. Konnte sie nicht ermöglicht werden, so blieb nichts übrig, als ihm einen „paßport" auszu- bringen, „dadurch er licenz bekam, des Tags in der Stadt sich aufzuhalten und gegen Abend sich wie- derumb hinaus zu begeben." Auch dies hing aber erst noch vom Zustandekommen einer Uebereinkunft zwischen dem Reichsmarschalk und der Stadt ab. Käme diese nicht zu Stande, so besorgte Goldast, „Prück- ner werde vor der Stadt die Nachtigall und die

Lerche müssen singen hören, b. h. Tag und Nacht
außen bleiben." So schlimm wards nun zwar nicht;
Prückner durfte wenigstens am Tage sich in Frank=
furt aufhalten. Aber selbst diese Erlaubniß wurde ihm,
wie wir bald sehen werden, zeitweise noch verkümmert.

Fürst Christian zu Anhalt und Markgraf Joa=
chim Ernst von Brandenburg waren im Trouble
der Stadt nicht aufzufinden. Ersterer hatte sich auf
einige Zeit entfernt. Prückner und Goldast ließen
sich dadurch aber nicht abhalten, allein vorzuschrei=
ten. Zunächst hatten sie alle möglichen Wege einzu=
schlagen, um nur eine Audienz beim churmainzischen
Kanzlar — der als mit dem directorium actorum
im Churfürsten=Kollegium betraut, die Anmeldung zu
vermitteln hatte — zu erlangen. Endlich erhalten
sie die Nachricht: wenn sie ihn ansprechen wollten,
müsse es bald, in einer Viertel=Stunde geschehen;
und „wie sie gleich hingehen wollen, wird ein Ge=
schrei, man wolle die thor zusperren, und wer hinaus
wolle, der möge sich födern oder sein Abetheuer darüber gewertten. Also" — schreibt Prückner — „hab'
ich meine Sachen in schneller eyl zusammen raffen
und ufs thor zueilen müssen; dann man zuvor in
den vornembsten gassen ausschreien lassen, daß, wer
nicht zu den Churfürsten gehöre, der solle sich noch
bei Sonnenschein und bei Leibesstrafe aus der Stadt
machen. Und wann wir zum Chur=Meintz. Cantzler
gangen wahren, und uns nur ¼ stund gesäumet,
so wäre ich versperrt worden. Und dörft' ich übel

ankommen seyn, weil man darnach visitatores und
heiml. corycaeos in die Wirthshäuser geschickt, die
drinnen gezechet und aufgemerket, wer noch do mehr.
Also bin ich mit meinen Pferden und Gesind heraus
in ein Wirthshaus, zum Rithof genannt, gerucket.
Dahin ein ganze Welt Volks hernach kommen und
gehet zu wie in einem Feltlager, Und hob allda ein
Remmerlein bekommen, da ich meine Sachen drinnen
hab. Tags darauf hat man die Pforten zu Frankfurt gar zugehalten und Niemanden weder ein- noch
aus gelassen, man sagt, der Rath müsse dem churfürstl. Collegio schwören, und die Bürgerschaft vor
dem Rathhause oder den Römer erscheinen und auch
schwören. Ich will selbst uf die Dörfer reiten und
mich irgend bei einem Bauern in ein Losament ein-
dingen."

· Wie streng es mit der Absperrung der Stadt
gegen die nicht zu den Churfürsten Gehörigen gehalten ward, geht aus einer andern Stelle des Prückner'schen Briefes vom 16. Mai hervor: „Es ist mir
als wenn ich gefangen were, und muß allemahl von
hinnen erst hinein in die Stadt fahren oder lauffen
oder vorm Thore betteln, das man mich nur hinein
left, auch Gutschen und Pferde zum Pfande heraußen
vorm Thor stehen lassen, daß ich wieder herauß und
die Nacht nicht drinnen bleiben wöll." Ueberdies
fühlte er sich sehr unbehaglich in seinem Quartier:
„Ich muß wahrlich krank werden, wanns lang weh-
rete, es ist weder tag noch nacht ruhe, ist so ein aus-

und einlaufen, zu= und abreiten für und für, das
mans nicht glauben kann; ich kann dabei das ge=
ringste nicht verrichten."

Der Verzug, der dadurch in die Vollziehung des
Auftrags der Herzogin zu treten drohte, machte Prück=
ner'n große Sorge. Denn „wann die Wahl vorüber
seyn wird" — schreibt er — „so werden darnach,
wie man sagt, die Pandctete angehen und nichts auß=
zurichten seyn." Indessen, es sollte sich besser fügen;
noch an demselben 16. Mai, Abends halb 6 Uhr,
hatten Goldast und Prückner beim chur=mainzischen
Kanzlar „glücklich gute gelegene Audienz." Um sich
guten Eingang zu verschaffen, überbrachten sie ihm
mit der Petition, um nach Kräften sie weiter zu
befördern, ein Portrait der Herzogin als Geschenk.*)
„Wan wir jetzt" — schreibt Prückner — „die Sach
nur soweit bringen, daß unser Schreiben in chur=
fürstlichen Raht und den sämmtlichen Churfürsten
wieder in die gedanken und zur deliberation kömbt:
So haben wir meines erachts genug ausgerichtet,
darnach wird man den nächsten nach der Wahl beym
neu erwehlten Kayser instendig sollicitirn lassen müs=
sen, ob man zu einem gewissen bescheid kommen mögt.
Weiset mans dan uf einen künftigen Reichstagk, so
weiß man wieder was man thun soll."

---

*) Von diesem Geschenke heißt es im Berichte, es sei „ali-
qualis remunerationis et quasi archae loco, cum repromis-
sione ulterioris remunerationis."

Die Sorge der Weimarischen Kommissare, daß
die Sache erst nach der Kaiserwahl im Churfürsten-
Kollegium zum Eintrag kommen werde, erwies sich
nicht als begründet; sie ward vielmehr schon am 20.
Mai „im Churfürstlichen Rathe, in specie auch von
den Chursächsischen, ad describendum angenommen."

Nachdem dieser erste wichtige Erfolg gewonnen
war, mußten nun auch den anderen Churfürsten u. s. w.
die miterhaltenen Creditive überreicht werden. Den
Anfang mußte man natürlich beim König Mathias
machen, welcher, umgeben von den Grafen von Lobkowitz
und Wallerstein, „dem obersten Kanzlar und dem ober=
sten Landhofmeister in Böheim", den Doktoren Golbast
und Prückner am 23. Mai die erbetene Audienz ge=
währte und durch Lobkowitz seine Geneigtheit auch
diesmal zu erkennen geben ließ. Hierauf folgte so=
dann die Ansprache an die übrigen Churfürsten oder
Fürsten, ja Räthe und Cavaliere derselben, für die
ihnen zu möglichster Förderung und Empfehlung des
Anliegens von Weimar besondere Creditivschreiben
zugesendet worden waren.

IX.

Die Kaiſerwahl in Frankfurt.

Während Goldaſt und P. Prückner ſolchergeſtalt
den erſten und Haupttheil ihrer Aufgabe unter allerhand Gedräng und Hinderniſſen erfüllten, bereitete
ſich in Weimar ein Anderes vor, was dieſer Frankfurter Verſammlung eine noch größere Bedeutung
vom Standpunkte der Weimariſchen Intereſſen beizulegen geeignet war.

Herzog Johann Ernſt, der — wie wir geſehen —
unter Teutleben's und Hortleder's Leitung ſich ſo treff-
lich in Jena entwickelt hatte, ſollte nun allmählig auch
in die große Welt zu treten beginnen. Die Kaiſerwahl
in Frankfurt und das nahe Intereſſe, das er ſelbſt an
den diesmaligen Verhandlungen des Churfürſten-Kolle-
giums nehmen mußte, boten einen ſehr natürlichen Anlaß, daran zu denken, Johann Ernſt in dieſen Tagen
eines ſelten wiederkehrenden Zuſammenfluſſes aller
möglichen Glieder des Reichs, ſelbſt nach Frankfurt
ziehen und dort zum erſten Male unter ihnen auftreten zu laſſen. Die hierzu nöthige vormundſchaftliche Erlaubniß des Churfürſten von Sachſen hatte
Dorothea Maria durch Herzog Johann Caſimir zu

erlangen gewußt. Ihr Wunsch war gewesen, daß der
Churfürstl. Vormund ihren Sohn „in seinem Comi-
tat" mit nach Frankfurt nähme, und es war dies
anfänglich auch zugesagt, nachher aber wieder aufge-
schrieben worden, weil ein gleicher Wunsch der Herzöge von Braunschweig und von Pommern abgelehnt
worden sei. Dorothea Maria war hiervon unangenehm berührt, suchte sich aber mit dem Gedanken zu
beschwichtigen: „die Ablehnung rühre nicht vom Churfürsten, sondern von dessen Aposteln her." War doch
in der Hauptsache ihr Wunsch erfüllt: der erste Aus-
flug ihres ältesten Sohnes in die große Welt, in
die imposante Reichsfürstenversammlung in Frankfurt a. M., welcher der bescheidene Jüngling mit der
Bitte entgegenging: „der treue und barmherzige Gott
wolle ihn bei dieser recht großen und ansehnlichen
Versammlung mit seinem Licht und seiner Wahrheit
leiten." Nach erfolgter Kaiserwahl sollte Johann
Ernst zur Krönung und den andern damit in Verbindung stehenden Fest- und Feierlichkeiten nach Frankfurt kommen, während seines Aufenthalts daselbst
zu dem Churfürsten sich halten, die Nachricht von
der erfolgten Wahl aber in Darmstadt abwarten,
um dann so schnell als möglich nach Frankfurt eilen
zu können.

Der treue Prückner war über diese Nachricht
sehr erfreut. Er sah den jungen Johann Ernst im
Geiste schon „bei dem decreto electionis zum Zeugen gebraucht, dem Herrn Churfürsten zu Sachsen in

der Kirchen das Schwerth haltend, auch etliche Clei-
nodien zum Abzug davon bringend. Das wehre" —
fügt er hinzu — „ein ewiger Ruhm, darüber kön=
nen sie die jetzt vorausgegangene Beschreibung der
königl. Wahl Maximiliani secundi Ao. 62, zu Frank=
furt fürgangen, lesen und fein daraus sehen, wie es
bei dergleichen Solennitäten zuzugehen pflegt."

Die Reisen der Fürsten in damaliger Zeit wa=
ren mit größerem Ceremoniell schon um des Umstan=
des willen verbunden, weil sie — aus Mangel an ge=
nügenden Gasthöfen — den obersten Autoritäten der
Orte, in denen Nachtquartier gehalten werden sollte,
voraus angekündigt zu werden pflegten, damit die
nöthige Einrichtung getroffen werden könnte.

Johann Ernst, von seinem Hofmeister Caspar
v. Teutleben begleitet, nahm seinen Weg über Eisenach,
wo er von dem dort residirenden Vetter, „wie aus
allen anmuthigen Bezeigungen abzunehmen, als ein
gar lieber und werther Gast gehalten ward," nach
Vacha, wo in des Rittmeisters Wiedenmerker Hause
der hessische Rentmeister „ein wohlbehaglich Losirung
und stattlich Traktation bestellt hatte." Dort meldete
sich bei ihm ein Herr von der Tann, um ihm im
Auftrage des gefürsteten Abts von Fulda anzuzeigen,
daß Letzterer „ihn mit Verlangen erwarte." An der
Fuldaischen Grenze empfing den jungen Herzog denn
auch der Amtmann des Abts, von Fürsteneck, und
geleitete ihn über Hünfeld nach Fulda, wo der Abt
selbst ihm „zu Roß ins Feld entgegenkam, ihn freund=

lich empfing, in seine Stiftsresidenz geleitete, gar
stattlich traktirete und hierüber mit einem Pferde be-
schenkte.“

Von Fulda brach Johann Ernst am 3. Juni
auf, um über Gelnhausen zunächst nach Darmstadt,
zum Besuche des dasigen Hofes, zu gehen und von
da, sobald die weitere Weisung des Churfürsten eintraf,
nach Frankfurt selbst.

In Frankfurt angelangt, bezog Johann Ernst
mit seinem Gefolge das vom kurfürstlich sächsischem
Quartiermeister für ihn bestellte Quartier. Die Aufnahme des Prinzen von Seiten des Churfürsten war
eine freundliche. Er hatte sich nicht — wie man in
Weimar besorgte — durch die an das Churfürsten-
collegium ohne sein (des Vormundes) Zuthun
gerichtete Petition der Herzogin Mutter verletzt gefühlt. „Der Churfürst,“ sagte sein Geh. Raths-Di-
rektor von Schönberg an R. v. Teutleben, „hat diesen Handell von sich gestellet, auch seinen Mit-Chur-
fürsten diese Antwort geben: sie möchten vergleichen,
was darauf zu verfügen, Se. Churfürstl. Gnaden
wehren beider Theile Vormund.“ Aber Eines wurde
doch verlangt und zwar mit der ganzen Wucht vormundschaftlicher und churfürstlicher Autorität: „Johann Ernst solle bei dieser Zusammenkunft kegen keinen Churfürsten oder auch den König des primoge-
nitur-Streits mit einigem Wort gedenken, sonst würden Se. Churfürstl. Gnaden höchlich offendirt, auch
bewogen werden, kegen Teutleben solches dermassen

zu ahnden, daß es ihm zu ertragen gar schwer auß=
schlagen werde." Solches erinnerte der v. Schönberg
„vertraulich uf empfangenen sonderbaren Bevehll."
Teutleben sagte die treuliche Beachtung dieser Rück=
sicht zu, die ohnehin mit der in Weimar ertheilten
Instruktion vollkommen übereinstimmte.

Im Uebrigen war der Churfürst mit des jungen
Johann Ernst Persönlichkeit gar wohl zufrieden, und
gab dies zu Teutlebens großer Freude unzweideutig
zu erkennen. Teutleben aber that seinerseits wie=
derum das Mögliche, um den ihm anvertrauten
Prinzen, der zeither in gänzlicher Stille und sittlich=
ster Zucht erhalten war, bei seinem plötzlichen Ein=
tritt in die, nach damaliger Sitte von mancher
Rohheit begleiteten, fürstlichen Schwelgereien dieser
Festgelage möglichst zu behüten und zu bewahren.
„Desselben Abends" — schreibt Teutleben — „ist
bei der churfürstl. Tafell gewesen Herzog Johann
Casimir zu Sachsen, Marggraf Joachim Ernst von
Brandenburgk, Fürst Christian zu Anhalt, der junge
Churfürst v. Brandenburgk, und Pfalzgraf v. Zwey=
brück, und ist ein sehr starkes Trinken entstanden, in
welchem mein Herr dermaßen verschonet blieben und
sich in acht genommen, daß Se. Fürstl. Gnaden ohne
einige alteration davon kommen." Die Heiterkeit
während des Mahls und nach demselben war jeden=
falls eine große und ungezwungene. „Desselbigen
Tags," erzählt Teutleben weiter, „wie mich Schön=
bergk mit dem fulmine inhibitionis ahnblitzte, warn

der Churfürst von Maintz und Cöln bei dem Churfürst zu Sachsen zu gast, bey welcher Conversation
eine solche Vertrawlichkeit gewesen, das es männik-
lich mit Freuden gesehen, denn J. J. J. Churfürstl.
G. G. G. sich nicht alleine freundlich bespracht, trew-
herzig getrunken, einander umbfangen, sondern haben,
bei der Musica stehend, also mit zusammengefügten
Händen umb einen ring gedanzett, und als der reyen
mit gewaltigen luftsprüngen, sonderlich von dem
Churfürsten von Maintz, geendet, hatte der Churfürst
zu Sachsen meinen Herrn, Se. Fürstl. Gnaden sollten einen galliardt banzen. Darauf sich Se. Fürstl.
Gnaden ufs beste entschuldigten, aber der Churfürst
wollte nicht ablassen, sondern sagte, „Ew. Liebden
haben wohl ehe gedanzet, das nicht drey Churfürsten
darbey und in gutem Vertrawen so frölich gewesen.‟
Alsbald legte mein Herr den Mantell von sich und
verrichtete den Danz mit solcher zierdt und wohl-
standt, das es jedermann rhümete, banzete auch
nicht weiter alß die Churfürsten in einem triangulo
stunden. Und wan Se. Fürstl. Gnaden vor einen
khamen, sagtt ehr: sa sa. Darauf ginge eine
Capriola dahin, doch mit feiner Mensur und
ahnmuthiger gratia. Umb 8 Uhr zu Abendt wurde
die mittagsmhalzeit vollendet, da sich dann mein
gnädiger Fürst und Herr ohne Uebrige trunk in
hiesiges Losament verfügte und mit guter behcglich-
keit zur ruhe legte. — Die Affektion zwischen
dem Churfürsten und meinen Herrn ist in wahrheit

dermaßen beschaffen, das es mihr zu sehen eine herz=
liche Freude. Wan nuhr unsre Widerwertigen Se.
Churfürstlichen Gnaden nicht also stützigk und irre
machten, daß man auch in den geringsten Dingen
darf groß difficultiren." Als Beispiel hiervon er=
zählt Teutleben der Herzogin=Mutter, wie er ge=
wünscht, daß Johann Ernst dem König Mathias
seine Aufwartung mache und gehofft habe, daß,
wenn er dem Churfürsten die Anrede, die dabei gehalten werden solle, vorher mittheile und dieser sich
daraus überzeuge, daß darin des Präcedenzstreites
keine Erwähnung geschehe, er nichts dagegen einwen-
den werde. Er habe diese Anrede durch eine, den
dresdnischen Räthen fremde, Hand schreiben lassen,
und Johann Ernst habe sie vor Tafel dem Churfürsten mit der Bitte überreicht, ihm die Präsentation
beim König mit dieser Anrede zu gestatten. Der
Churfürst habe sich auch ganz willfährig gezeigt, jedoch erwiedert, daß der Bescheid bei Schönbergk ein=
geholt werden möge, und dieser habe die Bitte abgelehnt, weil eine solche „absonderliche Audientz sich
gar nicht schicken, vielmehr der Churfürst ihn das
nächste Mal, wo er Sr. Majestät aufwarten und die
Hand küssen werde, mit nehmen und Audientz auch
für ihn erbitten wolle."

Noch ein anderes Vorkommniß erregte, wol
ohne hinreichenden Grund, Teutleben Aerger, und
mag, als ein Charakteristisches, hier Erwähnung
finden.

„Als dieser Tage" — erzählt er der Herzogin-
Mutter — „der Obriste Schlieben fragte: warum
mein Herr nicht das Rappier trüge, do es doch von
jüngeren Herren geschehe? antwortete ich ihm: mein
Herr wolle diese ehr und wehr lieber aus des Churfürsten Hand empfahen; darauf ehr vielleicht etwaß
muß erwehnet haben. Denn gestriges Tags ließ
mich Schönbergk abermalß zu sich erfordern und
brachte vor, es wehre dem Churfürsten nicht zuwider,
daß Se. Churfürstliche Gnaden meinen Herrn das
rappier überantworttete, Ich solte mich aber vernehmen lassen: ob Ew. Fürstliche Gnaden auch damit zufrieden und ob nichts anderes hierunter gesucht würde, ob auch dem praeceptori und mihr
unsre inspectio und verantwortung nicht schwerer
werden möchte? Darauf ich ihme zur Antwort geben, das es Ew. Fürstl. Gnaden nicht zuentkegen sein
würde. So wehre ich auch dessen versichert, wan
gleich mein Herr zehn Rappiere an der Seiten tragen könnte, das er sich doch kegen Ew. Fürstl. Gnaden als ein gehorsamer Sohn die Zeit seines Lebens
zu erzeigen von Herzen willigk und schuldigk. Den
praeceptorem und mich betreffend, hetten wihr ge-
messenen bevhell und instruction, wie weit sich unsre
inspection erstrecke, darauf wihr Pflicht geleistet,
mein Herr uns angelobt, welches Alles durch das
Rappier nicht möchte aufgehoben werden. So wüßte
ich auch, daß in meinem Herrn wahre Gottesfurcht
Und ein gedienes frommes Herz wehre, derhalben

mihr unverborgen, wie weit Sr. Fürstl. Gnaden ich mechtigk. Ueberdies hette mein Herr darum nicht anhalten laſſen ꝛc. Aus dieſen Händeln vernehmen Ew. Fürstl. Gnaden, wie man alle ortt und winkell aufsucht, die leichteſten ſachen ſchwer und bedenklich zu machen, und iſt gewiß daß meinem Herrn beim Churfürſten viel Pflöcklein geſtecket und ſchabortt gelegt werden. Aber mich bedünkt wie auch anderen, die gute affection wird täglich größer und beſtendiger." —

Das Wohlgefallen des Churfürſten an dem jungen Johann Ernſt gab denn nun auch den Ausschlag zu Gunſten der Wehrhaftmachung deſſelben. Am 11. Juni ward ſie „troß der erhobenen Difficultaeten und vom Zaun zuſammen geklaubeten Bedenken" vom Churfürſten „mit einer ſehr freundlichen und beweglichen oration" in Gegenwart der ganzen Begleitung durch Uebergabe des Rappiers feierlich vollzogen. Auch ſonſt ehrte und erfreute der Churfürſt den jungen Johann Ernſt in jeder Weiſe, ſo daß Teutleben, voll von Freude, der Herzogin-Mutter ſchreibt: „Ew. Fürſtl. Gnaden kann ich mit Worten nicht entwerſſen, wie freundlich und wohlaffectioniret der Churfürſt ſich bishero erzeiget; mein gnädiger Fürſt und Herr ſich von des Churfürſten Converſation manchen Tagk nicht eine Stund entbrechen kann.*)

---

*) Die Perſon, die unter ſolchen Umſtänden eine traurige Rolle ſpielte, war D. Marcus Gerſtenbergk, der in Wei-

So kam denn, unter ganz erfreulichen Auspicien
auch für Johann Ernst, der Tag der Krönung des
neuen Kaisers heran. „Am Sonntag" — schreibt
Teutleben — „ist die Kaiserkrönung mit stattlichen
und denkwürdigen Solennitäten gehalten worden, do
denn ein jeder Churfürst sein Ambt mit großer Pracht
und Magnificenz verrichtet, welchem allen mein gne=
biger Fürst und Herr neben 21 fürstlichen Manns=
personen mit beigewohnet. Dienstags hernach ist die
Kaiserin auch mit gleichmäßigen prächtigen Ceremonien gekrönet worden, wobei unterschiedliche Chur=
und fürstliche Weibspersonen Ihro Majestät auf den
Dienst gewartet."

Der Churfürst dachte nun an den Aufbruch in

---

mar gehaßte und vorzugsweise gefürchtete Günstling des Churfürsten. „Dr. M. Gerstenbergk' — schreibt Teutleben —
kommt meinem Herrn täglich zu Gesicht, tringet aber umb Se.
Fürstl. Gnaden sich nicht sehre, also daß es keines Darbiets der
Hand bisher bedurft." Ebenso brachte Gerstenbergk Letzterem zur
Wehrhaftmachung seine Glückwünsche durch einen Dritten
bar, „erhielt aber barauf" — wie Teutleben erzählt — „von
dem jungen Prinzen die Antwort: wenn die Glückwünsche so gut
gemeinet, wie die Wort lauteten, so hätten Se. Fürstliche Gnaden
sich dero zu bedanken, könnten ihm aber gleichwol nicht verhalten,
daß die Frau Herzogin Mutter sich in viel wege über ihn heftig
beschwert und offenbirt befunden, auch gänzlich gemeinet, solches
zu seiner Zeit gegen ihn zu anten. Als gehorsamer Sohn werde
auch er in diesem Sinne sich halten, Gerstenbergk dürfe sich sonsten keines despects allhie befahren, allein er bitte, ihn nicht dazu
zu nöthigen. Darüber ist Gerstenbergk über die Maaßen bestürzt
gewesen."

die Grafschaft Henneberg, und wollte seinen Mündel
Johann Ernst mit dahin nehmen. Aber dieses letzteren, seiner Mutter und aller seiner treuen Anhänger
harrete vorher noch eine ebenso unerwartete als ganz
besondere Freude.

Den Schluß der Krönungsfestlichkeiten bildete ein
großartiges Ringrennen und auf diesem war dem jungen
weimarischen Prinzen ein besonderes Glück beschieden.
Hören wir es aus dem Munde Paul Prückner's: „Gestriges Abends (den 27. Juni) hat Herzog Johann Ernst in
Beysein Ihrer Kaiserl. Majestät, Dero Gemahlin und
vieler versammleten Fürsten, Grafen und Herren, auch
fürstlicher und gräflicher Frauenzimmer vermittels son-
derbahrer göttlicher verleyhung und anlachen des Glücks
uffm Ritterspiel des Ringleinrennens den besten
Dank oder Kleinobt*) nach der kaiserl. Majestät ihrem
genommen, und dardurch großen ruhm, lob, ehr und
preiß darvon getragen und guten grund zu angehen-
der vorträglicher Kundtschaft mit denen anwesenden
Churfürsten, Grafen und Herren gelegt, zuvörderst
aber (welches mich das Höchste bedünkt) sich gegen
ihrer Kaiserl. Majestät, als die persönlich dabei gestanden, wie man ihm das Kleinod präsentirt, durch
eine gegen Ihro Majestät und den Herrn Churfürsten zu Cöln, so aus besonderer Abordnung der Kay-
serin der Austheilung beigewohnet und unserem Herrn

---

*) Er bestand in „einem vergüldten Hirsche."

das Präsent selbst zugestellt, gehaltene zierliche dank=
bare oration selbsten allerunterthänigst recom-
mandirt, also, das Jhro Kaiserl. Majestät den Hut,
so lang Er geredt, zu bezeigung sonderlicher kaiser=
licher gnad und favors in Henden gehalten! Was Se.
Fürstliche Gnaden mehr für ehr und ruhm bei solchem
ritterlichen Actu eingelegt und errungen, solches Ales
wird Teutleben, dem ich nicht vorgreifen will, mit
Umbständen, zumal wie das pracsent beschaffen und
wie hoch es aestimirt (man will von 500 Thalern
sagen) unterthenig berichten. Doch hab' ich als ein
unterthäniger Diener, zu bezeigung meines hoch er=
freueten gemüths nicht umgehen können, Ew. Fürstl.
Gnaden auch meine unterthänige congratulation zu=
zufügen. Ich wollte von Herzen gewünscht haben,
Ew. Fürstl. Gnaden hetten dabei seyn und selbst sehen
können, wie ritterlich, höfflich und wacker Herzog
Johann Ernst im rennen und sonsten gegen Menniglich
sich erzeigt, haben vier Curier, die ich gesehen,
gethan und allemal das Ringlein mit lob und ver=
wunderung menniglichs hinweggeführt. Und hat mir
wahrlich, wie ich das pracsent gesehen, das Herz im
Leibe vor Freuden gehüpft. Dan ich spür daraus,
das sich der Allmechtige mit seiner Gnad nunmehr
zu uns nehert, und das glück uns beginne freund=
lich anzulachen, In summa, ich halts für ein gut
omen und ein gewisses Zeichen glücklichen Fortgangs
in unseren Sachen, und das der Allmechtige nun=
mehr geneigt sei, diesen Herrn herfürzubringen. Dan

es ja gar wunderlich und fatale ist, das dieser junge
Herr, so, ausgenommen der jungen Churfürsten zu
Pfalz und Brandenburg, unter allen der jüngste gewesen, unter so viel dapffern, wohlversuchten Fürsten,
Grafen und Herren, darzu in Beyseyn Kayserl. Majestät den Preis darvon tragen soll. Gott muß ihm
ja sonderliche gnad und glück dazu verlihen und
ihms gegönnt haben. O wie sehr wirdts dem Schwar-
tzen*) und seinen anhang heimlich mordirn, beißen
und vexirn, das sie das hören und sehen müßen, sie
werden ihnen gewiß selbsten fluchen, das sie unsern
Herrn mit einkommen laßen. Aber was Gott haben
will, das muß doch geschehen und kanns kein Teuffel
noch feind verwehren. Diß, gnadige Fürstin und
Frau, schreib ich aus rechtem treuem unterthänigst er-
freutem gemüth, zuversichtlich, Ew. Fürstliche Gnaden
werdens von mir als Dero getreuen gehorsamen Diener in Gnaden vermerken, wir haben lang genug
getrauert, es wird uns nun unser Herr Gott, wie
ich immerzu getröstet, einmal auch erfreuen, der sey
ferner unser eintziger treuer beystand, damit wir mit
unsrer schweren Sachen einmal glücklich anfahren,
zu land und zu Ruhe kommen mögen, das verleihe
er uns umb seines lieben Sohnes Jesu Christi willen,
Amen!"

*) Darunter war M. Gerstenbergk gemeint, den auch sein
früherer Herr, Herzog Friedrich Wilhelm, den Schwartzkopf zu
nennen pflegte.

Am 29. Juni früh 10 Uhr wartete Johann
Ernst noch mit dem Churfürsten zu Sachsen dem Kai=
ser auf, und reis'te darauf mit ersterem ab.

Auch Golbast wünschte der Mutter Glück zu den
ungewöhnlich günstigen Erfolgen des ersten Auftretens
dieses ihres ältesten, aber doch noch so jungen Sohnes.
„Es hat auch Herzog Johann Ernst sich durch Gottes
Schickung also erzeiget, daß er nicht allein bei der
Kaiserl. Majestät, Chur= und Fürsten, sondern auch
bei jedermänniglich, groß und klein, einen merklichen
und zuvor nit viel erhörten willen, unsterbliches Lob
und immerwehrenden gunst und favor erlangt. Gott
der Allmechtige wolle Ihre Fürstliche Gnaden in allen
Fürstlichen christlichen Tugenden weitter segnen, meh=
ren und benedeyen."

Es war diese Zeit in der That ein Lichtpunkt
in Dorothea Maria's sonst so schattenreichen Leben.
Denn wie ihr mütterlicher Stolz durch all das Glück,
die Liebe und Anerkennung, die ihr ältester Sohn in
der großen Fürstenversammlung fand, sich in hohem
Grade befriedigt fühlen mußte, so hatte sie auch die
Freude, ihre Streitsache, auf die sie nach der damals
herrschenden Anschauung den größten Werth legte,
in einer Weise gefördert zu sehen, die neue Hoffnung
in ihr erwecken mußte. Die guten Freunde und
Verwandten zwar hatten Dorothea Maria auch dies=
mal gründlich im Stich gelassen. „Unsre bei fürst=
lichen Freunden gesuchte Intercessionales" — schreibt

Prückner — „bleiben gahr dahinden, ich hab noch
keine einzige gesehen noch vernommen." Aber die
Denkschrift, die Dorothea Maria hatte verbreiten
laſſen, hatte doch nach und nach die Meinung von der
Unrechtmäßigkeit wenigſtens der zeitherigen Pro=
cedur weiter verbreitet, und ganz unerwarteter Weiſe
zeigten gerade die, von denen man die meiſten Hin=
derniſſe beſorgt, ſich am wenigſten ungeneigt. So
Mainz und Trier und der Churfürſt von Sachſen
ſelbſt, deſſen paſſives Verhalten der Weimariſchen Pe=
tition gegenüber ſchon oben als Abſicht angedeutet
ward. Dazu hatte das Streben der Churfürſten,
von ihrer wenn auch nur moraliſchen Bedeutung,
ſelbſt kaiſerlichen Dekreten gegenüber, eine Probe zu
geben, jedenfalls fördernd mitgewirkt, und der Zeit=
punkt der Kaiſerwahl wiederum war dieſem Streben
beſonders günſtig. Kurz das Schreiben der Herzogin
war, wie Burggraf Abraham von Dona Prücknern
im Vertrauen erzählt, im ganzen Churfürſten=Rath
und im Beyſeyn des Churfürſten zu Sachſen abge=
leſen und darüber votirt worden; „das Votum des
Churfürſten von Sachſen war dahin gangen: was die
andern Herren Churfürſten in dieſer Sache ſchlöſſen,
wölt er ihm auch gefallen laſſen und war alſo im
Rath ſtill ſitzen blieben, bis man gar herumb votiret.
Er hätte im wenigſten nicht gemerkt, daß ſichs Se.
Churfürſtliche Gnaden offendiren laſſen. So hat er
auch keinen einigen Churfürſten oder menſchen gehört,
der es der Frau Wittib für übel geteut, das ſie

es collegialiter*) gesucht, sondern man hets vielmehr
gebilligt, dagegen für unbillig gehalten, daß Ihro
Fürstliche Gnaden vor diesen nit wöllen gehört werden." Kurz, es kam zu einem Schreiben des Chur-
fürsten-Kollegiums an den König Mathias v. 16. Juni
1612.**) In demselben ward freilich auf den Inhalt und Gegenstand des Weimar-Altenburgischen

---

*) D. h. beim Churfürsten-Kollegium.

**) Der vollständige Inhalt dieses Churfürsten-Schreibens
war im Wesentlichen folgender: „Obwohl die gründliche Beschaffenheit dieses Streites den Churfürsten so eigentlich nicht bekannt,
und sie also nicht wissen könnten, was die nächst verstorbene Kay-
serliche Majestät zu dem angedenten decret ꝛc. für erheblich Ursach und bewegnuß gehabt haben mögen, so vernehmen sie jedoch
ganz ungern, das zwischen so nahen, aus einem vornehmen Haus
geborenen fürstlichen Angewandten dergleichen schwere differentien,
welche sich hiernechst bei zunemenden Jahren und alter under denselben allgemach zu nicht geringer Erbitterung anlaßen möchten,
bei noch fast angebenden blühenden Alter aufspinnen wolln, indeme
wol die vorforg zu tragen ꝛc.; das hernacher, wan sie zu ihren
Jahren kommen, die gemüter stark alienirt und daraus leichtlich
allerhand beschwerliche weitläuffigkeiten entstehen könnten ꝛc. Als
erindten sie Se. Königl. Majestät hiermit unterthänigst, sie wolln
ihr gnedigst gefallen laßen mit zuziehung etlicher den Fürstlichen
Partheien nahen blutsverwandten Chur- und Fürsten diese Miß-
helligkeit zu gütlicher tractation und handlung ziehen und möglichen Fleiß anwenden laßen, damit dieselbe sovil bei beide theil
minderjehrlichkeit verfenglich und fruchtbarlich geschehen kann, uf
billige dienliche Mittel hingelegt und verglichen werden möge, in
Fall aber die güte entstehen oder zu den fruchtbarlichen effect
nicht gelangen könnte, undt Se. Königliche Majestät ermeßen würden, das jemand darunder weiter zu hören, als dan eine solch
königliche gnedigste anordnung darunter verfügen, deren sich mit

Streites gar nicht eingegangen, namentlich auch
der Successionspunkt mit keiner Sylbe be=
rührt, geschweige denn die kaiserliche Auslegung
der goldnen und der sächsischen Bulle Karl's IV.
angegriffen oder desavouirt, sondern nur die
gütliche Vereinigung der beiden Fürstenhäuser über
den Rangstreit, der zwischen ihnen entstanden, dem
Kaiser empfohlen und mit dem Antrag geschlossen
ward: daß Se. Majestät mit Zuziehung einiger, bei=
den fürstlichen Partheien nah= und blutsverwandten
Chur= und anderer Fürsten den Streit durch billigen
Vergleich beseitigen, falls aber dies nicht gelingen
sollte, solche Anordnung, deren sich mit Fug kein
Theil zu beschweren haben werde, treffen wolle.

Dies Schreiben war also noch weit entfernt, das
frühere kaiserliche Dekret aufzuheben. Es konnte etwa
nur in der Zukunft einige Aussicht auf ein neues
und zwar günstigeres kaiserliches Dekret eröffnen. In
Weimar war man aber schon von diesem Erfolge über=
rascht: „Es ist die Sach durch Gottes Schickung weitter
gekhomen, alß niemandt hette vermeinen sollen. Alle
müssen cum oblectatione bekennen, das, so lang wir die=

---

suchen kein theil zu beschweren ursach haben möge, wie ihnen den
zumal nicht zweifeln, Se. Königl. Majestät den sachen woll recht
zu thun unndt durch interposition ihrer hohen königlichen auto-
ritet dieselbe vornemlich dahin gnedigst zu erwegen wissen werden,
damit zwischen so nahen angewandten fürstliche Partheien friedt,
ruhe und einigkeit gestiftet und uf ihre liebe posteritet vortge-
pflanzet und transferirt werden möge.“

ser Sachen beigewont, es noch nie soweit gebracht werden können, haben sich auch Fürst Christian hoch darüber erfreuet und verwundert, das Chursachsen das
Concept des churfürstlichen Schreibens auch mit un-
terschrieben, und sollt' uns billig ewig reuen, wenn
wir nicht herkommen und so gute gelegenheit ver-
seumbt hetten. Gott helf uns weiter mit Gnaden."

Nun hielt Prückner nur für nöthig, so bald
als möglich das Schreiben dem Kaiser zu re-
commandiren; aber so, daß es wo möglich „die
widerwertigen leut und die Altenburger nicht zu
lesen bekämen", weil sie sonst gewiß wieder etwas
einzustreuen wüßten, um den Churfürsten zu Sachsen
von dem darin angedeuteten Mittel der Vergleichs-
stiftung abzuhalten.

Am 29. Juni Abends zwischen 6 und 7 Uhr
warteten Prückner und Golbast dem Kaiser auf, um
den Dank der Fürstin auszusprechen, zur Krönung
zu gratuliren und zu bitten, daß er dem Antrage
der Churfürsten in der Präcedenzsache möglichst förderlich entspreche und falls er nicht selbst ein andres
Mittel in Vorschlag habe, den Wunsch der Herzogin-
Mutter erhören und die Sache an die Erbverbrüderten bringen, falls sie aber auch da nicht bald entschieden werde, einen förmlichen Proceß eröffnen lassen
wolle. Der Kaiser, bei welchem (zu der Weimarischen
Gesandten großer Freude) nur der regelmäßig um
Rath gefragte Freund des Weimarischen Hofes, der
Freiherr Wackherr von Wackenfels, war, antwortete

durch deſſen Mund: er werde die empfangene Hin-
deutung (auf die Erbverbrüderten) wohl in Acht
nehmen. — Auf dieſe gütliche Austragung des
Streits arbeitete man in Weimar am meiſten hin
und dazu riethen auch die befreundeten Fürſten ein=
hellig: „dan der Reichshofrath war noch nit beſtelt,
war nur ein Idea, ein confusum chaos, kämen die
widerwerligen leut wider darzu ꝛc.“ In dieſem
Sinne richtete Dorothea Maria, nach einer in Weimar mit Prückner und Laurentius Braun gepflogenen
Berathſchlagung, am 14. September ein Schreiben an
den Kaiſer zu Prag.

X.

Die große Reise.

Hatte Johann Ernst in Frankfurt den ersten Schritt in die große Welt gethan, so sollte er bald dieselbe noch in viel weiterern Kreise kennen lernen. Dorothea Maria hielt für gut, ihrem ältesten Sohn, nachdem er so treffliche Studien gemacht, nun auch durch eine Reise nach Frankreich, England und die Niederlande die dem Fürsten nöthige Weltbildung zu Theil werden zu lassen, und sicher ließen die in Frankfurt bereits erzielten Erfolge das Mutterherz zugleich hoffen, daß der treffliche junge Mann Achtung, Freundschaft und Beistand auch anderwärts sich gewinnen werde, wo man ihn kennen lerne, namentlich auch an den großen Höfen. Allem Anschein nach hatte aber Dorothea Maria nebenbei auch noch ein besonderes Ziel im Auge, wie sich aus einzelnen Andeutungen der Akten wenigstens vermuthen läßt: es galt den Interessen des Hauses Sachsen an den Jülich = Cleve = Berg'schen Landen, die damals eben der Gegenstand divergirender Successionsansprüche waren. Der Ursprung und das Schicksal dieser letzteren sind bereits in älteren Druck-

schriften besprochen; wir können es jedoch umsoweni=
ger umgehen, ihrer auch hier in Kürze zu geben=
ken, eine je größere Rolle diese Sukzessionsange=
legenheit in .der Geschichte der damaligen Zeit über=
haupt spielt.

Auf die Jülich=Cleve=Bergschen Lande waren
zu drei verschiedenen Zeitpunkten unverantwortlicher
Weise drei verschiedene kaiserliche Anwartschaften in
drei verschiedenen Richtungen ertheilt worden: die
erste von den Kaisern Friedrich III. und Maximilian I.
(1483, 1486 und 1495) an beide Linien des Hau=
ses Sachsen, eine Anwartschaft auf die Succession in
die Fürstenthümer Jülich und Berg nach dem Ableben
des Herzogs Wilhelm von Jülich ohne männliche
Erben. Als aber der Verwirklichung .dieser Anwart=
schaft der Schwiegersohn des Verstorbenen, Herzog
Johann III. von Cleve, durch faktische Besitzergrei=
fung der Jülich=Bergschen Lande zuvorkam, und diese
vollendete Thatsache umsoweniger vom Kaiser umge=
stoßen ward, als inmittelst die Ereignisse der Re=
formationszeit den Churfürsten Friedrich den Weisen
dem Kaiserhofe entfremdet hatte, ward mit landständi=
scher Zustimmung die Succession in die Jülichschen
Lande, Cleve und die Mark nach dem Aussterben
des Cleveschen Mannsstammes 1526 dem sächsischen
Churprinzen Johann Friedrich in dem Ehevertrag
zugesichert, als dieser sich mit des Herzogs Johann
von Cleve Tochter Sibylle vermählte, und der Kai=
ser bestätigte 1544 auch diese Anwartschaft, obwol

11*

sie sich auf das Ernestinische Haus beschränkte. Auch sie aber sollte nicht verwirklicht werden, indem Herzog Wilhelm von Cleve, der Schwager Johann Friedrichs, nachdem er sich mit Kaiser Ferdinands I. Tochter Maria vermählt, 1546 für seine Tochter das Privilegium der Succession in seinem Lande vom Kaiser Carl V. zu verschaffen gewußt, und auf dieses neueste Privilegium stützten sich, als 1609 der Clevesche Mannsstamm ausstarb, Churbrandenburg und Pfalzneuburg auf dem Grunde von Vermählungen mit weiblichen Descendenten Wilhelms von Cleve, und ergriffen jedenfalls das klügste Theil, indem sie sich — dem Beispiele Johanns III. von Cleve folgend — schleunigst in gemeinschaftlichen faktischen Besitz der erledigten Lande setzten. Ihnen gegenüber einigten sich beide Linien des Hauses Sachsen hinsichtlich ihrer divergirenden Successionsansprüche in sehr zweckmäßiger Weise durch den Naumburger Vertrag vom 26. August 1609 zu gemeinsamem Handeln und mußten selbstverständlich, da vom Kaiser keine Abhülfe zu erwarten war, ihre Blicke namentlich auch auf die Höfe von Frankreich, England und Niederland richten. Diesen Zwecken sollte jedenfalls auch die Reise des jungen Herzogs Johann Ernst an diese Höfe dienen, und auf dem Rückwege sollte der Prinz sich in den Landen, die der Gegenstand des Streits waren, in der Stille selbst umsehen.

In der Mitte Januars 1613 hatte Dorothea Maria, als sie mit Caspar v. Teutleben die abge-

legte Jenaische Küchrechnung durchging, den Plan,
den sie dabei verfolgte, und zugleich ihren Wunsch,
daß er den Prinzen auch auf dieser großen Reise
als Mentor begleiten möge, eröffnet. Der gewis=
senhafte treffliche Mann bat sich Bedenkzeit aus und
gab darauf der Herzogin seinen Entschluß in einem
Schreiben zu erkennen, das ein neues Zeugniß davon
gibt, wie richtig Dorothea Maria ihre Leute zu
beurtheilen und auszufinden verstand, und das wir
daher ausführlicher wieder zu geben nicht anstehen.
„Er habe“ — schreibt Teutleben — „seit jener Er=
öffnung die Sache aus seinem Sinne und Gedanken
nicht kommen lassen, sondern hin und her fleißig
erwogen, auch den lieben Gott, welcher allein ver=
nünftige Gedanken geben könne, inniglich gebeten,
ihm zu weisen, was da gut, der Herzogin wohlge=
felligt, dem Prinzen nützlich und ihm (Teutleben) zu
Promerirung fernerer gnad erfprießlich seyn möge.
Dabei habe er dreierlei zu bedenken gefunden: zuerst
den Herzog Johann Ernst, zu zweit seine eigene
Person und zu dritt sein Weib und Kind. Anlan=
gend den Prinzen, so habe derselbe durch seine gott=
seeligkeit, Frömmigkeit, Redlichkeit, sein fürstliches
Gemüth und seine vornehmen Qualitäten ihn so
ahn sich gezogen, daß er sich Zeit seines Lebens kei=
nen bessern Zustand wünsche, als in seinem Dienst
und seiner Gnade zu verbleiben. Gott kenne sein
Herz und wisse, daß er nicht aus Heuchelei oder
Jemand zu gefallen rede, aber das könne er sagen:

Herzog Johann Ernst sei das einige hochwerthe Sub-
jectum, an dem sich alle seine Gedanken und Hoffnungen belustigten. Wann er aber hinwieder be-
denke, waß großer wichtiger importanzen bei dieser
persohn hafteten, neben vielen obschwebenden Ge-
schäften und daher ihm zuwachsende Verantwortung,
so könne er sich sorglicher gedanken, schwerer einfälle
und kleinmüthigkeit nicht allerdings entschütten. —
Anlangend fürs Andre seiner eigenen Persohn Wenig-
keit, so mache ihn seine geringe erfahrung besorgt;
denn was vor discretion und bescheidenheit in dergleichen Obliegen erfordert werde, das glaube niemand als mehr in einem solchen Bade geschwitzett.
Kinder pflege man zu traktiren als Kinder, regierenden Herren gehorsame man, allhier aber sei eine
sonderbahre consideration und ein solcher Prinz, an
welchem ehre und ruhm zu erwerben, ahn welchem
auch committendo und ommittendo sich leichtlich zu
verletzen. So erkenne und bereue er seine schwachheit billig, erkenne sich für einen Menschen, der vielen gebrechen unterworffen, sonderlich aber mit einem
heftigen Sinne gestrafett sei. Er sei nun wohl seiner darin gewiß, daß er diesem Sinne nie gegen
den Herzog, es wäre denn in einem excessus amo-
ris, habe oder werde gehen lassen. Auch gereiche es
ihm zum Troste, daß er in das ihm angetragene
Amt sich nicht selbst eingedrungen, einpraktiziret oder
durch Jemand Anderes sich wissentlich habe recom-
mendiren lassen, und wolle mit Luthero darauf

troßen und sagen: „Wehn Gott schidet, den machet
er geschidet." Aber bei seinen Zweifeln werde es
ihm eine große Erleichterung sein, wann er erführe,
daß sein lieber gnädiger Fürst und Herr ihn zu ei=
nem inspectore und directore gerne leiden und ha=
ben möge, und bitte er daher die Herzogin=Mutter
zum Höchsten, sie wolle ihre mütterliche Gewalt und
Ahnfordnung nur eine viertel Stunde in hoc passu
zur Ruhe stellen und seinen gnädigen Fürsten und
Herrn sein gemiett ungezwungen, ungedrungen und
ohne respect libere ihr eröffnen laffen, damit er
(Teutleben) dem Prinzen nicht wider seinen Willen
obtrubiret werde. Also dann, nach beschehener frei=
williger Erklärung, solle sein Dienst und seine Uf=
wartung, wie schwer dieselbe auch scheinen möge, ihm
keine Mühe noch Verdruß sondern voll Lust und
Freude seyn. — Sein Weib und Kind belangende, so
wisse die Herzogin besser als er erzählen könne, wie
Eheleute, so sich herzlich lieben, legen einander ge=
sinnet, und das scheiden, wann es gleich nur uf etliche
Zeit geschehe, gar wehe thue; aber man müsse je zu=
weilen etwas verschmerzen und einem ordentlichen
Berufe, dahinter kein vorwiß oder vermessenheit stecke,
folgen. Und ob sie (die Eheleute) gleich eine Zeit
lang müßten separiret seyn, so danke er doch dem
lieben Gott, daß die Herzen und Gemüther verbun=
den bleiben und werde also dan zu glücklicher wieder=
kunft die Freude auf allen Theilen desto größer seyn;
desselben Sinnes sei auch sein Weib und seine Schwie=

gereltern. Er wolle aber sein liebes Weib zu gnedi=
gem ahndenken und protection unterthänigk beveh=
len, daß sie zu allen Zeiten, namentlich bei infection
und sterbensgefahr bei der Frau Herzogin Zuflucht
suchen und bitten dürfe. — Wofern er nuhn seines
berufs also versichert sey, wolle er sich nicht weiter
sperren, sondern unterthenig gehorsamen und im
Nahmen Gottes des Vaters, des Sohnes und des
heiligen Geistes die ihm angesonnene Verrichtung auf
sich nehmen." Schließlich bittet er, „diese erklerung
nicht anders als sie gemeinet, zu vermerken und ihm
gnebig zu verzeihen, daß es so trübe durcheinan=
der laufe."

Johann Ernst sprach sich ohne Zweifel mit der
Wahl Teutlebens zufrieden aus; Thatsache ist es,
daß es dabei verblieb. Da es nöthig war, den
Prinzen vor seiner Ankunft in Paris noch in der
bis dahin in dem bisherigen Studienplan nicht mit
begriffen gewesenen französischen Sprache zu unterrichten, so daß er in Paris „nach Nothdurft mit den
leuten conversiren oder dieselben zum wenigsten verstehen
könne, so rieth Teutleben einen des Landes und der
Sprache völlig kundigen Mann mitzunehmen, der
unterwegs „im Losament, über Tische und an allen
Orten" mit dem Prinzen französisch spreche, und
empfahl hierzu Marcus Neumaier aus Ramsla, der
Frankreich zwei bis dreimal, namentlich auch als
eine Art Reisemarschall der chursächsischen Legation
durchreis't habe, in welcher Eigenschaft er vorange-

ritten sei, „die Losament bestellet, mit den Wirthen abgerechnet habe, deren humor und gebrauch kenne, und von denen er um ein billig geld in güte zu kommen verstehe." Seine Obliegenheit sollte überdies auch sein, auf die mitgenommenen eigenen Pferde fleißig Acht zu haben und ihre Wartung zu bestellen. Sein Bruder Hans Wilhelm Neumaier sollte daneben mit dem Prinzen auf der Reise den begonnenen Unterricht in der Fortifikationslehre fortsetzen. Das übrige Gefolge des Prinzen sollte in dem Kammerjunker Rudolph von Drachenfels, dem Licent. Justus Elias Evander, als Leibmedicus, der zeither schon neben dem Leibmedicus ärztliche Hülfe geleistet habe und die Natur des Prinzen kenne, in den zeitherigen Edelknaben Dietrich von Friesen und George von Vitzthum, ferner in Claude Petit und Heinrich Seibler bestehen.

Aber ehe Dorothea Maria sich definitiv für die Reise entschied, hielt sie zuvor zwei Anfragen für nöthig: die eine, nur von ihrem Vertrauen diktirte, bei ihren Brüdern, die andere bei dem churfürstlichen Vormunde, ohne dessen Zustimmung die Reise nicht unternommen werden konnte.

An ihre Brüder sandte zunächst Dorothea Maria den Kaspar von Teutleben am 27. Januar 1613 selbst mit einem Schreiben, in welchem ausführlich Motiv, Zweck, Richtung und Dauer der projektirten Reise auseinandergesetzt waren und der Rath der Brüder hierüber erbeten ward. Dem jungen Prinzen sollte diese Reise dazu dienen „sich in der weiten

Welt umbzufehen, leges, linguas et mores populo-
rum zu erfahren, vires et virtutes regum und re-
gionum zu erlernen, commoda und incommoda re-
gionum zu erforschen, daraus das Beste fleißig vor-
zumerken und in praxin zu bringen, das judicium
zu stärken und zu mehren, und eine politicam pru-
dentiam und practicabilem legum, morum et lin-
guarum scientiam zu suchen." Der gegenwärtige
Zeitpunkt ward darin aus 13 verschiedenen Gründen
gewählt, Frankreich als „ein besonders schön herrlich und volkreich Landt erkannt, so nicht allein wegen des vornehmen Königreichs und seiner Heroen,
sondern auch wegen der Universitäten, Parlamenten,
Landesgesetzen und Gebräuchen, schönen gewechs,
Wessern, Flüssen, Vestungen, Gebäuden und andern
gerühmbten Herrlichkeiten, und besonders der anmuthigen, lieblichen und in der weiten Welt durch-
gehenden Sprach nützlich zu besuchen." In Paris
und an vornehmen Orten sollte Johann Ernst sich
eine Zeit lang aufhalten und in der lateinischen und
französischen Sprache, Musiciren, Tanzen, Fechten,
Reiten, Ballspielen, Aufstellung einer fortification
und demolition-Archeley sich fleißig üben, zugleich
aber auch die gelegenheit des gemeinen Wesens, Re-
giments-Policey, Sitten und Rechte, Obedienz, Ver-
bündnusse, Macht und Reichthum an Volk, an Einkommen, an Vermögen der Unterthanen, Gewerb und
Mercanz und worin jede res puplica major vel mi-
nor ihre nervos habe, auch worin das politische Re-

giment beſtehe, ob es ein monarchia, aristocratia oder democratia, mit welchem statu es mehr über= einkomme, wie ſich die Unterthanen dabei befinden und ob der status gar begenerire und bald in ty= rannidem baldt in oligarchiam außlenken wolle, fleißig in acht nehmen." Auf dem Rückwege ſollte England und Niederland beſucht, beim Könige und Erzherzog ſich impatronirt, in Niederland eine Zeit lang ausgeruht und gleichfalls alle Landart erkun= digt und mit dem Graf Moriz und den Staaten ſich ſoviel möglich bekannt gemacht und nach deren Zu= neigung fleißig getrachtet werden.

Die fürſtlichen Brüder äußerten ſich ganz ein= verſtanden mit dem Vorhaben, und Dorothea Maria ſchritt alſo nun dazu, den churfürſtlichen Vormund um die nöthige Erlaubniß zu bitten. Johann Georg hielt „da itiger Zeit inner= und außerhalb Teutſch= land ſchwere Läufften ſeien" für nöthig, zuvor den Räthen zu Weimar anzubefehlen, daß ſie „alsbald zuſammen kämen, 5 oder 6 der älteſten und vor= nehmbſten von der Ritterſchaft darzuzögen und ge= meinſam in Berathung nähmen: ob zu ſolcher vor= habenden Reiſe zu rathen oder nicht?"

Am 19. Februar erſtatteten die Weimariſchen Räthe (Wolfgang Spelt, W. Ph. v. Draxdorff, Friedr. von Coſpoth und Laurentius Braun) ſammt denen von der Ritterſchaft (H. L. Wurmb, L. Thangell, D. v. Volkſtedt, N. v. Bünau und H. B. von Teuch= witz) ihr Gutachten. Sie fanden den Plan der Her=

zogin in Allem „reiff und wohlbedacht", besorgten
von dieser Unterbrechung der Studien „da auch aus
dergleichen Reisen großer Nutz entspringe", keinen
Nachtheil, auch war ihnen „keine sonderliche Hinderung
noch gefährlichkeit dieser reise halben bewußt", und
so riethen sie denn, die Reise je eher je lieber zu un-
ternehmen, vorläuffig ein volles Jahr dafür zu bestimmen, das Einzelne der Route dem Ermessen
des Mentors zu überlassen, aber das Reisegefolge
möglichst zu beschränken, überhaupt die Reise selbst in
möglichster Stille unter dem hergebrachten Namen
eines Freiherrn von Hornstein („dessen Namen hiebe-
vor das Schloß Weimar gehabt") vorzunehmen, auch
das Gefolge, um Aufsehen möglichst zu vermeiden,
„in zwei Heuffen zu theilen, gleich als ob sie nicht
zusammen gehöreten, sondern von ungefehr zusammen-
gestoßen wären." Dadurch würden auch die Kosten
möglichst moderirt und durchschnittlich nicht wol über
5—600 fl. monatlich, also 6—8000 fl. im Ganzen
ansteigen, und werde in der Zwischenzeit die der
Studien wegen in Jena etablirte Hofhaltung eingezogen, so werde durch diese Ersparniß schon ein Theil
der Reisekosten wieder gedeckt. Auf Grund dieses
Gutachtens erklärte sich Churfürst Johann Georg
„freundlich und wohl zufrieden mit der Reise seines
Mündels, deutete nur auf einige Einschränkung des
zu großen Comitats hin, „da mitt so wenig, desto
sicherer, besser und unvermerkter, auch mit weniger
Unkosten fortzukommen sey", und wünschte zu dem

Vorhaben Gottes Segen und eine glückliche Heimkehr. Unter der Beschränkung des Gefolges war namentlich die Weglassung des Kammerjunkers Rudolph von Drachenfels, des Spiel= und Studiengenossen Johann Ernsts gemeint. Aber Letzterer bat für diesen leb= haft vor, „da er ihn gar gerne umb und neben sich wissen wolle und seiner wohlgewohnt sei"; der Chur= fürst erfüllte seine Bitte, und so setzte sich denn der ganze Zug, ausgerüstet mit Krebitbriefen des Han= belsherrn Thomas Lebzeltern in Leipzig, am 27. März 1613 nach empfangener Communion in Beweg= ung. Johann Ernsts vertrautester Bruder Friedrich, von dem er sich jetzt zum ersten Male im Leben auf längere Zeit trennte, gab ihm „über Droistedt bis zum Dannenwälblein" das Geleit, woselbst Halt ge= macht, kalte Küche verzehrt und noch geplaubert wurde bis zum Abschiede, der — wie Johann Ernst der Mutter schrieb — „uf beiden Theilen etwas an= thate." Johann Ernst ging desselbigen Tages noch bis Ichtershausen, von wo er noch am nämlichen Abend der Mutter schrieb, „indem er aus kindlicher Liebe nicht unterlassen konnte, nochmals zu valedi= ciren und die Mutter neben den geliebten Brüdern in den Schutz des Allerhöchsten ganz treulich zu be= vehlen." Mit ganz besonderer Theilnahme erkundigte er sich auch in seinen ferneren Briefen an die Mut= ter nach seinem lieben Bruder Friedrich, „wie es ihm in seiner einsame vorkomme? ob er vielleicht seiner allbereit (in der Rudolstädter hochzeitlichen Festivität)

vergessen? Er wolle ihn in beharrlichem brüderlichen
ahndenken behalten und ihm über die begehrte Sachen noch allerlei seltsame schnacken aus Großbritta-
nien mitbringen."

Den Verlauf der Reise im Einzelnen zu beschrei-
ben, dürfen wir füglich unterlassen, da sie, von dem
einen Begleiter des Herzogs, Marcus Neumayr, ausführlich erzählt im Drucke erschienen ist. Wir beschränken uns demnach auf eine kurze Angabe der
Reiseroute und der hauptsächlichsten Erlebnisse und
werden nur aus den noch vorhandenen eigenen Reise-
briefen Johann Ernsts Geeignetes mittheilen. Von
Ichtershausen ging die Reise über Reinhardtsbrunn,
Eisenach, wo in dem Gasthof zum halben Mond
das Mittagsmahl eingenommen ward, nach Darmstadt und von da über Speyer, „von wo die Gutschen zurückgeschickt wurden", nach Hagenau und
Nancy, durch Lothringen und Burgund nach „Mar-
silia" und „Tolosa", wo ihn die Schönheit der
südlichen Vegetation, „ganze Berge, Hügel und
Anger voller Rosemari, Thimian und Buchs-
baum", in Staunen und Entzücken versetzte und wo
er sich von der dortigen „vornehmen Universität voller muthwilliger Studenten" erzählen ließ, „die einen
Unfug und Crevell über den andern anfahen und
seinen Jhenischen studenten nichts bevor geben." Von
Toulouse über Rochelle, Poitiers, Tours, nach Paris, wo man am 24. Juni eintraf und in der Vor-
stadt, à la bastille, gegenüber den Kaufhallen (les

hales de St. Germain) abstieg. Von Anfang herein
scheint die Absicht nur auf einen kürzern Aufenthalt
in Frankreich gerichtet gewesen zu sein. Teutleben
legte aber von Marseille aus einen andern Plan vor,
der — nach den vorhandenen Andeutungen wenig=
stens zu schließen — dahin ging, daß der Prinz auch
dem französischen Hofe sich vorstelle, um dies aber
zu können, zuvor in Paris, wo damals der könig=
liche Hof sich eben nicht aufhielt, sich, namentlich wol
in der Sprache, hierzu besser vorzubereiten. Johann
Ernst schrieb darüber an seine Mutter, ebenfalls von
Marseille aus: „Ziehe ich unbekannt in gemelten
Ort (Paris) und wieder heraus, so ist der Kosten
und die Zeit halb vergebens: unterwinde ich mich,
Dasjenige, davon Teutleben meldung thut, zu ver=
richten, so siehet es einer vermessenheit ehnlich, dero=
halben ich einig und allein E. F. G. mütterlichen
bevehls erwartte, denselben achte ich für meinen Be=
ruf, in welchem ich fleißig bethen und göttl. Hülffe
erwartten will. E. F. G. wolle es ja nicht dahin
verstehen, als wehren wir so vornehmisch und wollten
gerne viel zu thun haben, sondern sich freundlich
erinnern, daß die instruction dahin weiset.“ Doro=
thea Maria, welche damals in Jena sich aufhielt,
weil in Weimar, in Folge stattgehabter Ueberschwemm=
ung, böse Dünste zurückgeblieben waren und die —
wie Johann Ernst rühmt — immer „gar schleunig
mit eigner Hand antwortete“, gestattete den verlän=
gerten Aufenthalt in Paris, mahnte dann aber doch

wieder zum Abschluß desselben, so daß Johann Ernst, obwohl er gehofft hatte, dort „in der Sprache unter andern exercitiis noch etwas auszurichten," denn doch „als ein gehorsamb Kind" sich fügte. „Sollte" — schreibt er ihr — „E. F. G. mütterliche sorgfeltig= keit ich nicht zum besten vermerken? da sey mein lie= ber Gott führ, Ich weis das E. F. G. Alles besser erwegen und betrachten."

Am 16. August verließ er Paris, um über Ca= lais nach London sich zu begeben, wo er einen Haupt= zweck der ganzen Reise, die Vorstellung am könig= lichen Hofe, erfüllen sollte. „Der König" schreibt er von dort „ist uf der Jagdt und die Königin im warmen babe, werden aber beide innerhalb 14 Tagen anherkommen oder doch in die nehe rücken; unterdes wil ich diese stadt und die herumbliegenden könig= lichen lustheuser besehen und vor meinem abzuge dasjenige, so mir bevholen, mit Gottes Hülffe ver= richten."

Am 19. September fuhr Johann Ernst zum Kö= nig nach Thibault, einem königlichen Lustschlosse. Den ganzen Verlauf dieses Besuchs am englischen Hofe, von der ersten Begegnung, wo die lateinische Anrede des Prinzen Johann Ernst vom König in gleicher Sprache beantwortet wurde, durch alle verschiedenen Situationen des Beisammenseins, während des Got= tesdienstes, nach welchem der König Kranke mit den Worten: „Le roi vous touche, Dieu vous guèrit" durch Handauflegen heilte, während des Mahles, während einer Reihe von Jagden bis zum Abschied vom König und der Königin am 9. October hat Neumayr in seiner gedruckten Reisebeschreibung so genau erzählt, daß wir uns der Wiederholung enthalten können. Der Prinz war offenbar befriedigt von seiner Aufnahme am englischen Hofe. „Ist etwas hierunter vorgangen", schreibt der bescheidene Fürst nach der Audienz an seine Mutter, „so Ew. F. G. zu erfreuung und mir zu lobe gereichen möchte, so ist es einig und allein göttlicher Gnade und nicht meinem Vermögen beizumessen." Nachdem er erst noch die Kriegsschiffe zu Rochester besichtigt hatte, fuhr er mit seinem Gefolge wieder von Dover aus nach Paris zurück.

Dort richtete sich Johann Ernst für seinen nunmehrigen Aufenthalt in einer Weise ein, welche seiner Absicht entsprach, nun, nach erlangter größerer Fertigkeit in der französischen Sprache, eine hervortretendere Rolle zu spielen, namentlich auch am Hofe sich bekannt zu machen: im Fauxbourg St. Germain, in der Rue du petit Bourbon miethete er ein ganzes Hotel und hielt daselbst eigne Tafel.

Am 22. November wurde er vom königlichen Magister Ceremoniarum in des Königs Wagen nach Hofe abgeholt; eine Reihe von deutschen Edelleuten folgten, theils in vier anderen Wagen, theils vor und neben dem königlichen Wagen reitend. Wie der Prinz in das Gemach im Louvre geführt ward, wo der König und die Königin standen und der erstere be-

deckten Hauptes die französische Anrede des, ebenfalls
mit bedecktem Haupte bastehenden und nur bei den
Worten „Votre Majesté" jedesmal den Hut lüften-
den, Herzogs Johann Ernst erwiederte, bis der Ruf
des Ceremonienmeisters „Allons Messieurs" alle Anwesenden wieder aus den königlichen Gemächern ent=
fernte, auch dies hat sehr ausführlich Neumayr be=
schrieben. Die Folge dieses Schrittes war der Ein=
tritt in die große Welt von Paris; allen Prinzen
von Geblüte und sonstigen Großen der Weltstadt, vor
Allen aber dem kleinen aber mächtigsten Manne
Frankreichs, dem geheimen Secretär des Königs,
Herrn Villeroy, machte Johann Ernst Besuch und
empfing ihre Gegenbesuche, und gerieth dadurch in den
Strudel des geräuschvollen Lebens des Pariser Hofs.

Auch hier fand er Achtung und Wohlwollen,
nur der ungewohnt große Aufwand, den dieses Le=
ben kostete, trübte ihm den Genuß. „Ich danke dem
lieben Gott," schreibt er an seine Mutter, „daß er
sein fremder leute Herzen mihr wohlgewogen zu
sein lenket. Nur der tägliche höher steigende Ufgan
ist unsre Klage und Sage, davon ich mit meinen
leutten viell rathschlage, aber zu keiner Einzie=
hung mittel finden kann. Ich erinnere mich ja
stetig E. F. G. mütterlichen bevehligs und vermah=
nung, Meines eigenen interesse, das gelbt zu scho=
nen und den Brüdern zu Sparsamkeit in ihren Rei=
sen ein guet exempel zu geben, auch das es mehr
reputirlich, mit leiblichen Kosten sich der gebühr ver=

halten, als viell zu verschwenden. Wie deme allen,
so gehett es doch dermaßen ins gelbt, das ich besorge, E. F. G. möchten darüber unwilligk werden.
Sie laffen sich nur so lange zur gebult von mir erbitten, bis ich wieder (wils Gott) anheimb komme,
soll von Allem nicht allein richtige Rechnung, sondern
auch verhoffenblich genugsame Verantwortung geschehen. Ist es aber ja zu viell, so mögen E. F. G.
mich an der Schuldt behalten, sintemahl deroselben
ich ohne das mit so viell schulden empfangener guet-
thatt verhaftett, daß ich sie mit gehorsamb, fleißigen
studieren, fürstlichen und vorsichtigen Wandel abzu-
legen mich nicht erbieten kann, So weiß ich auch
keinen creditorem der in so beständiger liebe und
Huld mit mir gebuld trüge." Die nähere Erzählung
alles Erlebten und Geschehenen und wie er „die Zeit
über in der Welt hrümb gehetzet," verspart er aber
auf persönliches Beisammenseyn und hofft namentlich, „Bruder Friedrichen solchen Bericht zu thun,
daß Se. Liebden wohl eine weile lachen und er (Johann Ernst) auf einer andern Frage beantwortung
werde Athem schöpfen können."

Zu Ende des Jahres 1613 sehnte sich Johann
Ernst wieder aus dem ungewohnten Getreibe heraus
und der Heimath näher zu kommen. „Mihr verlan-
get von Hertzen heimb und hält mich kein Kurtzweill
im geringsten uf. Nur ist dieses die importantz,
das mit guter commoditet und gratia J. J. M. M.
ich meinen Abschiedt nehme und wie der Zutritt

(ohne rhum zu melden) wohl abgangen, also auch
das Finall mit guter circumspection angestellet
werde." Die Königin hieß den Prinzen seinen Au=
fenthalt bis zu einem masquirten Ballfeste im Louvre
verschieben, das am 13. Januar 1614 stattfand
und an Pracht, namentlich an Glanz der Diaman=
ten, Alles von Johann Ernst bisher Gesehene über=
strahlte, auf welchem aber anfänglich das Gedränge
so arg war, daß dem Ober=Ceremonienmeister Bo=
neuil, als er den Herzog Johann Ernst die große
Treppe hinaufführte, ein Stück seiner mit Diaman=
ten besetzten Halskette abgerissen wurde und ver=
schwand und die Königin, die wegen „des Gedrän=
ges und Getümmels" zweimal wieder in ihr Gemach
zurückgehen mußte, selbst überlaut rief: „Der Tanz
solle auff diesmal nicht gehalten werden." Doch kam
sie — erzählt Neumayr — „letzlich wieder heraus
und wurde mit dem Tantz ein Anfang gemacht."

Am 15. Januar 1614 war die Abschiedsaudienz
Johann Ernsts im Louvre und am 17. verließ er
Paris, „nicht zweifelnd" — wie er an die Mutter
schrieb — „daß die beim königlichen Hofe, bei den
Fürsten des Geblüts undt allen Prinzen gemachte
Kundtschaft und erlangter favor (ob es gleich etwas
gekostett) ihm uf begebende Gelegenheit zu gueter ex=
pedition wichtiger Sachen gar vortreglich sein werde."

Wohl gerüstet gegen den heftigen Winter schlug
er den Weg über Ypern, Nienport, Ostende, Brügge,
Gent nach Brüssel ein, wo er auf Befehl des dort resi=

direnden Erzherzogs sofort im Schloß einlogirt und
von den anwesenden spanischen Großwürdenträgern,
darunter auch von dem Feldmarschall Spinola, mit
viel Auszeichnung bewillkommt wurde und Tags
darauf dem Erzherzog und seiner Gemahlin, einer
spanischen Infantin, unter fast denselben Ceremonien
wie in Paris und mit Gebrauch der französischen
Sprache seine Aufwartung machte. Die Zeit, die
ihm die Besuche und Gegenbesuche der Gesandten
und sonstigen Vornehmsten des nach spanischem Zu=
schnitt eingerichteten Hofes übrig ließen, benutzte er
zu Besichtigung der Sehenswürdigkeiten Brüssels.
Beim Abschied erhielt er vom Erzherzog zwei schöne,
auf 2000 Thlr. geschätzte Pferde, ein spanisches und
ein neapolitanisches, mit reich verziertem Geschirr zum
Geschenk. Von Brüssel ging die Reise über Breda,
Herzogenbusch, Rotterdam, Leyden und Harlem nach
Amsterdam und dem Haag, wo Johann Ernst als=
bald vom Grafen Moritz von Nassau=Oranien selbst
in seinem Logis aufgesucht und am Hofe auf das
Freundlichste aufgenommen und fetirt wurde; und
von da endlich über Utrecht durch die Jülich=Cleve=
und Bergschen Lande, „deren Beschaffenheit er in
Erkundigung nehmen wollte" (wie er selbst von Pa=
ris aus schrieb), in denen er aber länger nicht als
drei Tage verweilte, über Köln zurück nach Weimar,
wo er am 19. März 1614 wohlbehalten mit seinem
Gefolge wieder eintraf.

Wie viel hatte Johann Ernst, der bis dahin,

mit Ausnahme des kurzen Frankfurter Aufenthalts, in ununterbrochener und ungeſtörter Stille ſeiner inneren Ausbildung ausſchließlich obgelegen, in dieſen letzten Jahren geſehen und gelernt von dem Leben und Treiben der Welt! Nicht nur an den Höfen, die damals ſchon zu den größten und glänzendſten der Welt gehörten, ſondern auch in den Ländern und Städten die er durchzog, und deren Sehenswürdigkeiten er nach allen Richtungen hin mit Intereſſe verfolgte! Eine neue Welt war vor den Blicken des jungen Fürſten lebendig geworden. Man kann ſich denken, mit welcher Freude ihn die Mutter wieder in ihre Arme ſchloß, die während ſeiner langen Abweſenheit wiederum von manchem unerfreulichen Vorkommniſſe betroffen worden war.

Das erſte derſelben war eine Fortſetzung der Händel mit dem, wie wir ſchon geſehen, immittelſt in churſächſiſche Dienſte als geheimer Rath gezogenen Dr. Marcus Gerſtenbergk, gegen den man in Weimar wegen der Finanzwirthſchaft Friedrich Wilhelm's von 1579—1603 einen großen Proceß, deſſen Akten an 18 Univerſitäten und 1 Spruchkollegium verſandt wurden, erhoben, anſcheinend aber nicht zu wirklich entſcheidendem Ende geführt hatte. Dorothea Maria verweigerte ihm deshalb die Lehensreichung über ſein Lehngut zu Schwerſtedt, und als ſein nunmehriger Herr, Churfürſt Johann Georg, ſeine vormundſchaftliche Stellung dazu benutzte, der Regierung zu Weimar die verweigerte Lehnsreichung

an seinen Günstling anzubefehlen, wahrte Doro=
thea Maria ihrer Söhne Recht, wenigstens so weit
sie konnte, am 27. Mai durch einen Protest, der zu=
gleich ihrem gekränkten Rechtsgefühl Worte lieh. Es
war dies ihr letzter Verkehr mit Gerstenbergk, der
bald darauf, am 22. August 1613, starb.

Bedeutender war ein anderes Ungemach, welches
Dorothea Maria zwei Tage später traf: das unter
dem Namen der thüringischen Sündfluth bekannte
ungewöhnliche Unwetter, welches über der Stadt
Weimar und deren Umgebung in weitem Umkreise
sich entlud und durch verheerende Fluthen einen enor=
men Schaden an Menschenleben wie an Güterwerthen
anrichtete.

Am 29. Mai 1613, an einem Sonnabend, thürm=
ten sich, nach den Erzählungen von Augenzeugen,
bald nach Mittag mehr und mehr Wetterwolken
auf, bis endlich der ganze Himmel davon umzogen
war „und immer ein Gewölk über das andere her
walzte." Die Gewitter standen nun zuerst unbeweglich
gegen einander, still und regungslos „gleichsam als
grosse Heere, die aufeinander treffen wollen." Bald
nach 4 Uhr begann das Donnern, „stete zorni=
ge und unaufhörliche Donner", Anfangs noch oh=
ne harte Schläge; darauf erhob sich nach fünf Uhr
in der Luft ein gewaltiges Brausen, mit Hagel ver=
bunden, der an dem einen Orte stärker, an dem an=
dern schwächer niederfiel; an etlichen Orten in ganz

ungewöhnlich zackiger Form und in der Größe von
Hühnereiern, so daß nicht blos Feldfrüchte und Fen=
ster, sondern auch Schindelbächer zerschlagen und Vieh
auf dem Felde getödtet ward.

Die davon besonders hart betroffenen Orte, de=
nen die ganze reiche Erndte verloren ging, waren
Ballstädt, Oberniffa, Ottmannshausen, Gaberndorf,
Dasdorff, Tröbsdorff, Ulla, Nohra, Troistedt, Schop=
pendorf, Legefeld, Grunstedt, Bercka, Kletbach, Tonn=
dorf, Magdala, Döbritzschen, Synberstädt, Groß=
Schwabhausen, Capellendorf, Frankendorf, Hohlstädt,
Kötschau.

Hierbei ist es aber nicht geblieben, sondern es
sind von 6 Uhr Abends an bis Morgens 3 Uhr
„solche grausame Donnerschläge, Blitzen, Creutzstreiche,
Feuerschießen und Platzregen aus denen wider einan=
der streitenden Wetter=Wolcken gefallen," daß man
geglaubt hat, der jüngste Tag sei nahe. „Das
Feuer ist Klumpenweise vom Himmel gefallen, der
Hagel hat in die fünff Stunden angehalten und
die Donnerschläge sind so starck gangen, daß zu
Weimar aufm Schloß=Graben zwey Häuser in
einem Strich in den Graben gestürzt worden."
Dazu sind, von gleichzeitig in der Nähe niederge=
gangenen Wolkenbrüchen, die Ilm und wilde Bäche
so angeschwollen und letztere sind von den Höhen herab
so auf die Stadt Weimar gestürzt, daß plötzlich das
Wasser nicht allein die zwei oberen Thore, das

Frauen=Thor und das Erfurter Thor, dergestalt ein=
genommen, daß niemand weder zu Roß noch zu Fuß
hat aus= oder einkommen können, sondern dasselbe
hat auch in den Straßen so hoch gestanden, daß kein
Nachbar zu dem andern hat kommen können, die
Häuser und Keller davon gefüllt worden sind. Im
Schloßkeller hat die Fluth die größten Fässer umge=
kehrt, draußen aber mit den großen Eichen, Mühl=
wellen, Bäumen und dergleichen, die sie unterwegs
angetroffen und mitgenommen, manche Gebäude
„gleichsam mit stürmender Hand über und über ge=
stoßen und hinweggeführt."

Um 10 Uhr Abends schien das Unwetter etwas
nachzulassen, aber es währte nicht lange, da fingen
die starken Platzregen wieder an, und kam das Wasser
wieder aufs neue so stark als zuvor einher geströmt,
und fluthete nun wirklich übers Kegel=Thor, so daß
es das Ansehen gewann, als ob die ganze Stadt un=
ter Wasser gesetzt werden solle. Ein Haus nach dem
andern stürzte ein und schwamm mit allem was
darin war fort, ohne Hülfe und Rettung. Am
Frauenthore ging das Wasser bis an das Marien=
Bild und brach häuffig durch die Schießlöcher her=
ein und wäre es zu einem Durchbruch in der Stadt=
Mauer selbst gekommen, so wäre es um Weimar
geschehen gewesen. Diese höchste Gefahr trat ge=
rade in der Mitternachtstunde ein. Aber dadurch,
daß das Haus des Hans Lentz vor dem Frauenthore
von Grund aus weggerissen ward, wurde dem Was=

ſer ein Weg hinter der Stadt weg eröffnet und dadurch letztere gerettet.

Die Verheerung, welche dies furchtbare Waſſer
angerichtet, wie es die Wieſen und Gärten ver-
ſchlämmt und zerriſſen, die Obſt-Bäume zerbrochen,
geſchälet, aus der Erde geriſſen, und alles mit
Schlamm, Sand und Steinen überführet, das Getrei-
de in den beſten Aeckern verſchwemmt, die Aecker
ſelbſt der beſten Fruchterde ſo beraubt, daß mancher
einem Steinbruch ähnlicher geſehen, als einem Art-
acker, — das Alles bedarf keiner näheren Beſchrei-
bung. Unterm Schloß hatte es alle Brücken und
Steige, etliche hundert Klafftern Holtz, die Badeſtube,
das Schlacht-, Waſch- und Fiſch-Haus, die Schneide-
mühle und was im Baumgarten von Gebäuden ge-
ſtanden nebſt dem Reithauſe hinweggeführt, und war
nur das Pulverhaus, das alte hölzerne Schießhaus
und das Brauhaus ſtehen geblieben. Vier und vier-
zig Wohnhäuſer Weimars waren hinweggeſpült, noch
viel mehr aber ſchwer beſchädigt worden. Der Ver-
luſt und Schaden an Mobiliar war umſo größer,
je unerwarteter die Fluth hereingebrochen war.

Um ſich einen Begriff von dem ganzen Umfange der Verheerungen zu machen, welche das ent-
feſſelte Element angerichtet, genügt es zu wiſſen, daß
allein in dem beſchränkten Umkreiſe weniger Wege-
ſtunden von Weimar 192 Menſchen, 2050 Stück
Vieh und 408 Häuſer (die Scheunen und Ställe
nicht gerechnet) den Untergang fanden.

Wie schmerzlich mußte das menschenfreundliche, landesmütterliche Herz Dorothea Maria's von solchem Jammer in ihrer nächsten Nähe ergriffen werden!

XI

Der Naumburger Fürstentag.

Johann Ernst hatte keine Zeit zur Erzählung seiner Reiseerlebnisse, denn schon andern Tags mußte er Weimar wieder verlassen, um einer wichtigen Fürstenversammlung beizuwohnen, die der sorglichen Mutter bereits manche Stunde ernsten Nachdenkens verursacht hatte.

Es war eine natürliche Frucht der mittelalterlichen Zustände im deutschen Reiche, daß die einzelnen Häuser des hohen deutschen Adels in der Gestalt von „Erbvereinigungen" erbliche gegenseitige Schutz- und Trutzbündnisse zu erfolgreicherem Widerstande gegen Befehdungen abschlossen und dieselben behufs ihrer größeren Befestigung, zugleich aber auch behufs der Abwehr der eindringenden, dem Glanze der Familien nachtheiligen Successionsgrundsätze des Römischen Rechts, zu gegenseitigen Erbfolgeverträgen („Erbverbrüderungen") erweiterten. Einer der ältesten und bedeutendsten derartigen Verbände bestand seit dem 9. Juni 1373 zwischen dem Hause Wettin, welches damals die Landgrafschaft Thüringen

und die Markgrafschaft Meißen besaß, und den Landgrafen von Hessen, hervorgerufen durch die Noth des
Landgrafen Herrmann von Hessen, der allein nicht
stark genug war, den Kampf mit der übermächtigen
und übermüthigen Ritterschaft, dem Bunde der Ster-
ner, zu bestehen. Im Jahre 1431 war das Band
unter Friedrich dem Sanftmüthigen von Sachsen und
Ludwig dem Friedfertigen von Hessen erneuert und
im Jahre 1457 auch auf das Haus Brandenburg
dergestalt ausgedehnt worden, daß zunächst zwar letzterem jedes der beiden Häuser Sachsen und Hessen in
der gegenseitigen Succession vorgehen, nach dem Aussterben beider aber Brandenburg succediren sollte.
Alle Prinzen der erbverbrüderten Häuser, sobald sie
das vierzehnte Lebensjahr zurückgelegt hatten, mußten die Aufrechthaltung dieser Verträge feierlich
beschwören, und zu diesem Zwecke, sowie zur Befestigung und Erneuerung des gegenseitigen Freundschafts-
bandes überhaupt, wurden von Zeit zu Zeit Zusam-
menkünfte (Erbverbrüderungstage) anberaumt. So
zwischen Sachsen und Hessen in den Jahren 1487,
1520, 1555 und 1587; und eben jetzt hatte man im
Hause Sachsen wieder das Bedürfniß einer solchen
Erneuerung gefühlt; vielleicht auch hatte Brandenburg dazu den Anstoß gegeben, das jenen sächsisch-
hessischen Erneuerungstagen nicht beigewohnt hatte
und dem gegenwärtig daran gelegen war, seine sub-
sidiären Successionsansprüche, zum Theil wenigstens, in ebenfalls primäre zu verwandeln, dergestalt,

daß, schon wenn das eine oder das andere der beiden zuerst erbverbrüderten Häuser Sachsen und Hessen aussterben sollte, Brandenburg wenigstens zu ⅓ mit succediren dürfe.

Dorothea Maria hatte schon im Februar 1614 durch Johann Casimir von der Ausschreibung eines Erbverbrüderungstages durch Churfürst Johann Georg gehört, nicht aber eine Einladung dazu vom Churfürsten für ihre vier ältesten Söhne erhalten, obwohl sie das vierzehnte Jahr vollendet hatten. Was sollte sie wünschen? Es war wol ein sehr natürliches Verlangen der Mutter, daß ihre stattlichen vier ältesten Söhne, an ihrer Spitze der schon in Frankfurt mit so viel Glück aufgetretene, jetzt eben von großen Reisen zurückkehrende Johann Ernst, in der Versammlung aller erwachsenen Fürsten aus dem Hause Wettin nicht fehlen möchten. Und doch erfüllte sie dieser Fürstentag auch mit banger Sorge. Wohl hätte ein solcher Erbverbrüderungstag die beste Gelegenheit geboten, das auszuführen, was die Churfürsten selbst zwei Jahre zuvor dem Kaiser empfohlen hatten, nämlich den Präcedenzstreit mit Altenburg gütlich beizulegen. Aber die Weimarischen Hoffnungen in diesem Streite hatten sich inmittelst bedeutend herabstimmen müssen. Dorothea Maria hatte nämlich auf ihr noch im Jahre 1612 an den Kaiser gerichtetes Gesuch in der Präcedenzsache am 1. März 1613 die kaiserliche Antwort erhalten, daß er, durch viele andere Sachen jetzt abgehalten, ihr Anliegen bei dem in demselben

Jahre noch in Regensburg abzuhaltenden Reichstage
zum Gegenstande einer Kommunikation mit den Churfürsten machen wolle. Auf diesen Reichstag hatte
denn nun auch Dorothea Maria den D. Paul Prückner mit einer neuen Supplik an den Kaiser und
einer andern an die ganze Reichsversammlung gesendet, darin sie bat, die Sache von Seiten der ge-
sammten Reichsstände oder doch durch eine Deputation
der letztern erörtern zu lassen und, wenn man hierauf nicht schon jetzt eingehen wolle, die Entscheidung
wenigstens bis zur Volljährigkeit der Prinzen beider
Linien zu suspendiren. Allein Prückner gelangte nur
soweit, daß er beide Schreiben abgeben konnte. Altenburg behielt auf diesem Reichstage den Vorsitz
vor Weimar und Prückner erreichte kaum, daß ein
schriftlicher Protest hiergegen auf der churmainzischen
Kanzlei niedergelegt werden durfte; auf dem ganzen Reichstage kam die Supplik der Herzogin nicht
einmal zur Sprache, selbst nicht bei den Churfürsten
allein, die erst ein Jahr zuvor noch der Sache sich
angenommen hatten.

Nach diesen Vorgängen mußte Dorothea Maria
besorgen, daß auch bei der Naumburger Zusammenkunft, wo ihre Söhne mit den Altenburgischen Prinzen zusammentrafen, „den ersteren zum Präjudiz und
nachtheil das kayserl. decret ebenfalls möchte prac-
ticiret werden.“ Aber ihr Verlangen, daß ihre Söhne
bei der Naumburger Fürstenversammlung nicht fehlen
möchten, behielt doch die Oberhand; und Vetter Jo-

hann Cafimir in Koburg, mit dem fie darüber korre=
fpondirte, beftärkte fie darin: „es werde dergleichen in
viehl Jharen fich nicht wieder begeben und wäre doch zu
wünfchen, daß die liebe junge herbeiwachfende Fürftenn
im Haufe Sachfen folchen hochtheuren werthen Pfands
und Bands der Erbverbrüder= und Erbvereinigung für=
ter uff die werthe posteritaet zu bringen theilhaftig
würden." Aber auf Dorothea Maria's Bitte: ob nicht,
„da ihr aus erfahrenheit bewußt, wie durch wider=
wertiger Leute ahntrieb ihre freundliche wohlmeinliche
fchreiben Und fuchung ahn Dreßdnifchem Hofe fehr
ungleich aufgenommen, und ihr und den Ihrigen
möglichfte hindernuffe zugezogen würden," er (Johann
Cafimir) felbft eine Frage deßhalb nach Dresden zu rich=
ten die Güte haben wolle, da dies mehr Anfehen und
Wirkung haben werde? ging Johann Cafimir nicht
ein, weil dies, „wie zuvor mehrmals begegnet, gar
ungleich und dahin angefehen und gemißdeutet wer=
den möge, Alß ob er dem Churfürften in Dero tra=
gender Vormundfchaft ungebührlichen eingriff zu thun
oder fonften ziehl und maß fürzufchreiben gedechte,
welches dann den fachen mehr hinder= dann fürträg=
lich feyn würde." Auch die weitere Frage: ob dann
nicht bei den übrigen Erbverbrüderten folch ein Schritt
zu veranlaffen wäre? verneinte er, „dan es etliche
für eine befchwehrung wider des Herrn Churfürften
Liebden aufnehmen möchten." Dorothea Maria fah
fich alfo auch jetzt wieder lediglich auf fich felbft zu=
rückgewiefen. Allein fie wurde diesmal des eigenen

Schreibens an den Churfürsten sehr bald durch ein
Restript desselben vom 23. Februar enthoben, das
alle Zweifel beseitigte und sämmtliche Weimarische Her=
zöge, welche damals das vierzehnte Jahr zurückgelegt
hatten, also die Prinzen Johann Ernst, Friedrich,
Wilhelm und Albrecht, zum 27. März auf den Erb=
verbrüderungstag nach Naumburg berief, und auf=
forderte, „sich umb ein bequem Losies zur Naum=
burgk zeitlich zu bewerben, zur Dienstwartung drei
oder vier vom Adel auff dem Lande, zur Berathung
aber Hannß Melchior von Wittern und D. Samuel
Göchhausen mitzubringen.“

War somit jener erste und nächste Zweifel be=
seitigt, so trat der andere umso gewichtiger hervor:
wie ihre Söhne sich am zweckmäßigsten und klügsten
in Naumburg verhalten und gegenüber etwaigen prä=
judiziellen Vorschritten in ihrer Rangirung mit den
Altenburger Prinzen verwahren möchten, da sie, trotz
des Schreibens des Churfürstenkollegiums, aus dem
Verlaufe des Regensburger Reichstages die Besorgniß
schöpfen mußte, „daß der Churfürst bewogen werden
dörfte, dem kayserl. decret nachzugehen unbt die
gantze altenburg. Lini fürzieben zu lassen?“ Das
Ergebniß der Erwägung*) fiel dahin aus: die Erb=

---

*) „Die damals im Geheimen Rath zu Weimar geführten
Protokolle“, von denen v. Hellfeld im „Leben Johann Ernst d. J.
1784“ S. 60 spricht, sind in den Akten nicht zu finden, wol aber
die gepflogenen Korrespondenzen.

verbrüderten bei Zeiten darauf aufmerksam zu machen, daß sie ihre Räthe, die ohnedies einige Tage
vorher am Versammlungsorte zur Vorberathung und
Vorbereitung der Eides-Notuln einzutreffen pflegten,
zugleich ausdrücklich auch in Bezug auf den Weimar-
Altenburgischen Präcedenzstreit mit Instruktion versehen und namentlich darauf hinweisen möchten, daß
das in der Sache ergangene kaiserliche Dekret mit
Rücksicht auf das Verwendungsschreiben der Churfürsten von 1612 nicht ohne Weiteres in Vollzug
gesetzt, sondern die Sache von den Erbverbrüderten
gütlich beigelegt werden möge. Die versammelten
Räthe der Erbverbrüderten möchten daher in einer
Vorberathung auf Mittel denken, wie dies noch vor
dem Eintreffen der Fürsten selbst zu Wege gebracht
werden könne.

In diesem Sinne wurde denn nun auch an die
Erbverbrüderten selbst (mit Ausschluß Chursachsens),
an ihre vornehmsten Räthe, ferner an einige Churfürsten — um sie für die Ausführung des vom Churfürsten-Kollegium selbst ergangenen Vorschlags zu
interessiren — und selbst an eine Reihe anderer
außerhalb der Erbverbrüderung stehender, aber be-
freundeter oder verwandter Fürsten, von Württenberg,
Baden und Anhalt, geschrieben, von denen sich eine
erwünschte Einwirkung oder Rathgebung hoffen ließ.
An den Churfürsten zu Sachsen selbst endlich schrieb
Dorothea Maria am 11. März entschuldigend, „er
werde es ihr nicht verdenken, daß sie sich in mütter-

licher treu und sorgfeltigkeit ihrer unmündigen Söhne
annehme."

Von den angegangenen Erbverbrüderten gingen
verschiedenartige Antworten ein. Einige, wie der
Churfürst von Brandenburg und die Markgrafen
Joachim Ernst und Johann Georg von Brandenburg,
sagten ihren Beistand zu, die Fürsten von Württemberg und Baden richteten ein den Weimarischen
Wünschen entsprechendes Verwendungs-Schreiben an
sämmtliche Erbverbrüderten. Andere verhielten sich
in sehr allgemeinen Redensarten, noch Andere sprachen sich sofort dahin aus: daß zu einer eingehenden
Erwägung und Beurtheilung des Streits selbst zu
wenig Zeit sein werde, daß sie aber auf die Verein-
barung eines passenden Interimisticums, das nachthei-
ligem Präjudize vorbeuge, hinwirken würden. Der,
wie wir schon früher gesehen, aus Vorsicht stets zaghafte
und temporisirende Bruder Christian von Anhalt
blieb auch diesmal seinem Charakter treu und rieth,
die Rückkehr des ältesten, der Volljährigkeit nahen,
Prinzen Johann Ernst von der Reise lieber noch etwas und bis nach dem Naumburger Fürstentage zu
verzögern.

Von Dresden aber erfuhr Dorothea Maria (auf
dem Umwege über Coburg), was sie wol schon gefürch-
tet hatte, daß nämlich der Churfürst den Altenburger Präcedenzstreit für abgethan und entschieden im Sinne des kaiserlichen Dekrets
erachte und „nicht hoffe, daß dieser Sache wegen

einige Difficultet beim Naumburger Erbeinigungstage
vorfallen werde!"

Sie ließ sich jedoch hierdurch nicht abschrecken
und einschüchtern. Ueberzeugt, daß das Lebensalter der Prinzen im Hause Sachsen als entschei-
dend für die Rangfolge und äußersten Falls eine
Abwechselung als das zu betrachten sei, was im
Hause Sachsen in ähnlichen Fällen ergriffen worden und
was man Altenburgischer Seits auch jetzt nur werde
prätendiren können, wollte sie dem drohenden Kon-
flikte um solcher Besorgniß willen nicht aus dem
Wege gehen. Aber ein Anderes war es, was ihr
große Bedenken einflößte: die Stelle des von ihren
Söhnen zu schwörenden Erbverbrüderungseides, in
welcher sie allen übrigen Erbverbrüderten, also auch
den Altenburger Prinzen gegenüber, geloben mußten, „einander brüderlich, freundlich und gütlich zu meinen, zu ehren, zu fördern, zu ver-
antworten, und einer des Andern Schaden
zu warnen, sein Bestes mit Worten und Werken für zunehmen, gleicherweise als ob es
ihn selbst antreffe." Konnte und durfte sie —
so fragte sie sich in ihrem religiösen Sinne — so
lange der Streit nicht beigelegt war, die jungen
Herzen ihrer Söhne mit einem Versprechen belasten,
dessen strenge Vollführung ihnen nach Lage der Umstände vielleicht gar nicht möglich war? In diesen
quälenden Zweifeln richtete sie, entsprechend der
Denkweise wie den Verhältnissen ihrer Zeit, an das

Consistorium zu Weimar die Frage: ob ihre vier älte=
sten Söhne trotz des noch schwebenden Präcedenz=
streits mit den Altenburger Prinzen „mit gutem reinen
und unverletztem Gewissen diesen Passus des Erb=
verbrüderungseides nicht allein schwören, sondern
auch künftig halten und ihm treulich in allen Stücken
nachkommen könnten"?

Das Consistorium bejahte die Frage. Es bezog sich
auf das Beispiel Abrahams (Genes. 20, 24), der den
Erbverbrüderungseid mit dem König von Gerar auch
geleistet, zuvor aber die Angriffe, die ihm von des Kö=
nigs Knechten geworden, angezeigt und die künftige Nicht=
anfechtung seiner Brunnen begehrt habe. Ebenso sei bei
der Erneuerung der Erbvereinigung zwischen Isaak und
Abimelech (Genes. 26) verfahren worden. So könn=
ten sich auch die Weimarischen Prinzen salviren.
Aber das Consistorium könne überhaupt nicht glau=
ben, daß der fragliche Eid „einen solchen Verstand
haben solle, daß die Erbverbrüderten alle zwischen
sich habende differenzen gänzlich fallen laffen müßten
und Keiner wider den Andern seine Befugniß und
Recht nach der Eidesleistung mit gutem gewissen aus=
führen dürfe. Es würden sich bei vorstehendem
Fürstentage mehr Exempel, als gut sei, finden, da
die fürstlichen Häuser theils unter sich selbst, theils
eins gegen das andere allerlei Zwiespalt und Mängel
fürbringen und urgiren würden, und keiner denke
daran, auf sein Recht um dieser Erbverbrüderung
willen zu verzichten. Es könne also, mit jenem Vor=

behalt und bedinglicher Maaße zumal, der Eid mit
gutem Gewissen geleistet werden."

Nun erst beschloß Dorothea Maria, ihre vier
ältesten Söhne nach Naumburg ziehen zu lassen,
begleitet nicht nur von den vom Churfürsten be-
stimmten Räthen von Wittern und Göchhausen,
sondern auch von ihren eigenen Vertrauensmännern
D. Hortleber und D. Paulus Prückner.

Aber auch jetzt noch war sie offenbar nicht ganz
beruhigt über ihre Zweifel. Auch jetzt noch versuchte
sie bei den vorausgesandten Räthen das Möglichste,
um einen Vergleich vor der Eidesleistung herbeizuführen, „damit solchergestalt die gleichsam in den
Aschen liegende Fünklein aufgehender uneinigkeit und
spaltung zeitlich gedempft und ausgelöscht würden."
Die Räthe möchten bedenken, wie das im Erbver-
brüderungseide zu leistende Versprechen der gegenseitigen Liebe und Förderung nicht wol abgelegt, eine
solche „bei Seelenverlust eingebundene brüderliche,
freundliche und gütliche affection" ohne Verletzung
der zarten jugendlichen Gewissen nicht wol verspro-
chen werden könne, so lange beide Theile noch in
unerledigtem Streite mit einander befangen seien.
Sie möchten also doch durch Auffindung „leidenlicher
Mittel allen besorglichen unrath abwenden und dagegen in so zarte junge fürstliche gemüther gutes
vetterliches Vertrauen, wahre beständige Liebe, affection und Freundschaft implantiren."

Ausführlicher schrieb sie am 26. März an die in

Naumburg versammelten Fürsten selbst. Gestützt auf Ulpian's Wort: cum mater filii rem sententia eversam animadverteret, provocaverit, pietati operam dans, et hanc audiri debere — sowie andererseits auf die Mahnung „des weisen Heiden Plato, Cicero und Anderer, daß die Streite durch gefreundete arbitratores viel ehe und ohne einigen Verdruß und Kosten als vor den Gerichten geschlichtet würden", hinweisend darauf, daß die jetzt in so ansehnlicher Zahl versammelten Verwandten und Erbverbrüderten „ohne Zweifel eben diejenigen Ahnverwandten agnaten und Freunde seyn, darauf die interposition des Churfürsten-Collegiums ziele und daß ja überhaupt dieser Tag der Erneuerung der Erbverbrüderung und Erbvereinigung den Zweck verfolge, daß Einer dem Andern alle liebe, Ehr, Affection, Hülff und Beistand, als wenn es ihn selbst betreffe, erweise", ganz gewiß aber „jede occasion des Meineids und der verunruhigung der gewissen sorgfeltig vermieden werde", bat sie, die erbverbrüderten Fürsten möchten das glimmende Feuer stillen, allem Zusammenstoß zwischen den Prinzen beider Linien zuvorkommen, die Altenburger zu friedliebender Vermittelung geneigt machen, ihre eigenen Söhne bei ihren Rechten schützen und wenn der Streit jetzt nicht definitiv und gänzlich beigelegt werden könne, wenigstens „unverfängliche interims mittel und vergleichung treffen", zu diesem Zwecke aber sich von ihren Räthen alsbald nach ihrer Ankunft in Naum-

burg Vortrag in der Sache erstatten lassen. An den
Churfürsten von Sachsen aber, obwohl er ihr auf ein
erstes Schreiben zu ihrem Schmerze nicht einmal ge=
antwortet, richtete sie noch ein zweites besonderes, in
welchem sie ihn bat, sich „ihre Söhne und deren ge=
rechte Sache freundvetterlich und väterlich befohlen
seyn zu lassen, damit ihre Söhne nach erträglicher
unverfänglicher Vermittelung mit Freudigkeit wieder
zu ihr kämen. Solches würde sie für eine freund=
vetterliche und väterliche hohe große Wohlthat er=
kennen."

Mit Einem Worte: sie ließ nichts unversucht.

Die Fürstenversammlung in Naumburg, die
letzte, welche zur Erneuerung der Erbverbrüderung
und Erbeinigung zwischen Sachsen, Hessen und Bran=
denburg stattfand, war zahlreich und glänzend in sel=
tenem Maaße. Sie bestand ohne das chursächsische
und koburgische Personal aus 1584 Personen mit
2556 Pferden. Die Fürsten hatten meistens auch
ihre Gemahlinnen mitgebracht und außerdem ein
überaus großes Gefolge.

Nach einem Briefe vom 27. März, den Friedrich
von Kospoth aus Naumburg erhielt, durfte man in
Weimar hoffen, daß wenigstens dem Prinzen Johann
Ernst „ein ehrlich Session und stelle werde gegeben
werden." Der Briefsteller, der Koburgsche Abgesandte
von Waldenfelß, that denn auch einen Vorschlag in
solchem Sinne, nämlich, daß unbeschadet aller Pri=

mogenitur= und Successionsrechte das Lebensalter
der einzelnen anwesenden nichtregierenden Fürsten den
Platz derselben bestimmen möge, und theilte ihn den
Brandenburgischen und Hessischen Abgesandten mit,
denen er auch „nicht übel gefiel." Aber freilich ver=
hehlte man sich nicht, „daß nunmehro meistlich an
deme liegen werde, was die Churfürstlich Sächsische
dazu sagen würden." Und diesen gefiel der Vor=
schlag nicht. Sie hielten diesen dem Lebensalter ein=
geräumten Vorzug, der ja gerade der ganze Inhalt
der weimarischen Ansprüche war, nicht für einen Mit=
telweg, sondern schon für zu präjudicirlich und der
Competenz des Richters vorgreifend, waren vielmehr
für ein Alterniren bei der Unterschrift und Eides=
leistung, und „wem auch dies noch bedenklich und
bedrohlich erscheine, der könne seine vermeinten Rechte
durch Protestation verwahren." Am 26. März sollte
die Entscheidung gefällt werden. Sie ward vom
Churfürsten von Sachsen als dem Haupt und Direc=
tor der Versammlung, welchem das Versammlungs=
Programm die Rangirung der nicht-regierenden Für=
sten überwiesen hatte, und als dem Vormunde beider
Theile dahin gefällt, „daß uf die regierenden Herren
im Chur= und Fürstlichen Hause Sachsen nach einan=
der folgen sollte

1) Herzog Johann Philips zu Altenburg, geb.
den 25. April 1597,

2) Herzog Johann Ernst der Jüngere zu Wei=
mar, geb. den 21. Februar 1594,

3) Herzog Friedrich zu Weimar, geb. den 6. März 1596,

4) Herzog Friedrich zu Altenburg, geb. den 12. Februar 1599,

5) Herzog Wilhelm zu Weimar, geb. den 11. April 1598,

6) Herzog Albrecht zu Weimar, geb. den 27. Juli 1599.

Das ließ sich nun allenfalls selbst vom Wei=
marischen Standpunkte aus insofern noch hören, als
sich in dieser Rangfolge doch wenigstens nicht ein
Vorrang der ganzen Altenburgischen Linie vor der
Weimarischen, also nicht der volle Inhalt der Alten=
burgischen Prätensionen, sondern immerhin eine Art
Mittelweg aussprach. Aber man verblieb auch auf
diesem Wege nicht konsequent, sondern wich auch von
ihm wiederum zu Gunsten der Altenburger ab. Als
nämlich am 30. März früh 10 Uhr nach gehaltener
Predigt, zu welcher der Churfürst zu Sachsen in sei=
nem Quartier Morgens 7 Uhr von sämmtlichen säch=
sischen Herzögen abgeholt und begleitet worden war,
die ganze glänzende Fürstenversammlung auf das
Rathhaus sich begab, in dessen großem Saale der
Churfürst von Sachsen durch seinen Geheimen Rath
von Schönbergk eine Ansprache an die Erschienenen
über den Zweck der Versammlung, der zunächst auf
die Erneuerung der Erbvereinigungen gerichtet
war, halten und die zu unterzeichnende Erbvereinig=
ungs=Notul vorlesen ließ, ergab es sich, daß im

Texte derselben nicht das Alternat zwischen Weimar
und Altenburg, wie bei der Sitzordnung, gewahrt,
sondern die sämmtlichen Altenburger Prinzen vor
den Weimarischen genannt waren. Da erhob sich
der junge Herzog Johann Ernst ohne langes Besin-
nen gegen diese unvorhergesehene Aenderung, protestirte mit Entschiedenheit und Freimuth gegen den
dadurch den Altenburger Prinzen eingeräumten Vorzug und verlangte, daß dann wenigstens beim Akte
der Erneuerung der Erbverbrüderung die Sache
durch Weimars Vortritt wieder ausgeglichen werde;
entgegengesetzten Falles verweigerte er seine und seiner Brüder Unterschrift. Aber der Churfürst zu Sachsen und die übrigen Churfürsten und Fürsten schlugen
sich (wie die Weimarischen Räthe der Herzogin Dorothea
Maria meldeten) ins Mittel und erklärten ausdrücklich, daß dadurch den Weimarischen Prinzen an ihren
Rechten nichts präjudicirt werden solle und so stand
denn endlich Johann Ernst, unter Anrufung aller
Anwesenden zu Zeugen seiner Erklärung, von seiner
energischen Einsprache um so unbedenklicher ab, als
nun wenigstens die wirkliche Unterzeichnung der Ur-
kunde in der Reihenfolge der Sitzordnung, also ohne
durchgängigen Vorzug der Altenburger Linie erfolgte, und überdies eine mündliche und schriftliche
Erklärung die Rechte des Weimarischen Hauses
wahrte.*)

---

*) Nach dem officiellen Protokolle über den Erneuerungsakt
vom 30. März scheint es, als habe Johann Ernst überhaupt

Hiernächst forderte der Churfürst zu Branden=
burg, da er die Erbvereinigung schon früher beschwo=
ren hatte, den Churfürsten zu Sachsen und die an=
deren Chur- und Fürsten, die sie noch nicht beschwo=
ren, auf, dies jetzt zu thun, was dann auch in seine
Hände in derselben Ordnung geschah, in welcher sie
gesessen. Nach diesem feierlichen Akte gab der Chur=
fürst zu Sachsen allen anwesenden fürstlichen Per=
sonen ein großes Banket auf dem Rathhause.

Nachdem andern Tags, den 31. März, der Chur=
fürst von Brandenburg ein gleiches Banket auf dem
Rathhause gegeben, auf welchem „viel stadlich Schau=
essen vorgesetzet und alles ganz prächtig zugangen",
auch der Churfürst von Sachsen ein Album für die
Einzeichnung der Namen der Fürsten und eins „für
die fürstlichen Weibspersonen herumgereichet," folgte
am 1. April der Akt der Erneuerung der Erbver=
brüderung ganz in denselben Formen, wie der
auf die Erbvereinigung bezügliche. Alle Fürsten, die

---

gegen den, den Altenburger Prinzen gewährten, nicht schlechtweg
nach dem Alter bemessenen Rang protestirt. Der Bericht der ab=
gesandten Weimarischen Räthe an Dorothea Maria dagegen spricht
sich so aus, wie die vorstehende Schilderung, und müssen wir
glauben, daß die Räthe die Sache genauer und richtiger erfaßt
hatten, als der Protokollführer. Mit der beliebten Sitzordnung,
die allerdings einen Mittelweg zwischen den Weimarischen und
Altenburgischen Prätensionen einschlug, hatte Weimar sich offen=
bar schon befreundet und protestirte nur noch gegen den Verstoß
gegen diese Sitzordnung selbst.

noch nicht den Eid auf die Erbverbrüderung abgelegt, schwuren „Alles, was sie der Erbverbrüderung
halber mit einander geredet und gelobt, stet fest
und unverbrüchlich, auch ganz getreulich zu halten,
so wahr ihnen Gott helfe durch Jesum Christum."
In dem Protokolle über diesen Akt verlautet von
einer abermaligen Weigerung oder Verwahrung der
Weimarischen Prinzen nichts, obwol auch im Texte
dieses Erneuerungsvertrags beide Altenburger Prinzen den Weimarischen vorgesetzt waren. Es war dies
ohne Zweifel Folge der neuen Instruktion, welche
die Weimarischen Räthe immittelst von Dorothea Maria durch expressen Boten eingeholt hatten*), die es
zwar beklagten, „daß die Freunde wider ihre Zusage
sich der Sache nicht besser annähmen", einen Weg-
gang der Weimarischen Prinzen aus der Versammlung „cum offensione omnium" aber doch als möglichst vermeidbar widerriethen.

Dorothea Maria's sehnlichste Erwartung von
diesem Fürstentage, der so recht eigentlich dazu an-
gethan erschien, die Frucht jenes Frankfurter Be-
schlusses des Churfürstenkollegiums nun auch wirklich
zur Reife zu bringen und das ungünstige kaiserliche Dekret wirklich zu beseitigen, blieb also unerfüllt; nicht

---

*) Auch diese Korrespondenz mit Dorothea Maria, bei von
Hellfeld l. c. S. 63 und 64 abgedruckt, ist in den Akten nicht zu
finden, scheint auch mehr den Charakter von Privatbriefen gehabt
zu haben. An ihrer Authenticität ist aber nicht zu zweifeln.

einmal über ein Interimisticum, das über den Fürstentag hinaus dauern sollte, ward ein Beschluß ge-
faßt. Sie schrieb daher am 16. April nochmals an
die Erbverbrüderten und bat, sie möchten aus ihrer
Mitte eine Kommission mit diesem von den Churfürsten und vom Kaiser selbst angedeuteten Vermit-
telungsgeschäfte betrauen — aber wiederum ohne Erfolg. Das kaiserliche Dekret, das sie so
beharrlich anfocht, ist die einzige förmliche Entscheidung geblieben, die in diesem
Streite gefällt worden.

XII.

Das Ende der Vormundschaft.

Durfte Dorothea Maria meinen, die Vorbildung
ihres ältesten Sohnes für seinen fürstlichen Beruf
durch jene große Reise soweit vollendet zu haben,
als dies überhaupt im gewöhnlichen und friedlichen
Laufe des Lebens einem Jüngling möglich ist, so
war es natürlich, daß sie unausgesetzt darnach strebte,
ihn nunmehr auch in die Ausübung jenes Berufes
soweit und sobald einzuführen, als dies nach Lage
der Umstände zulässig erschien. So lange er die
Jahre der Mündigkeit noch nicht erreicht hatte, konnte
dies nur auf dem Wege des Zuhörens und Lernens
bei den Verhandlungen der Räthe geschehen. Letztere
richteten am 19. November 1614 ein Schreiben an
den Churfürsten Johann Georg, darin sie rühmten,
wie Herzog Johann Ernst „von Jugent auff sich al=
ler fürstlichen Tugenten befliffen, uff Universiteten
und sonsten in studiis, sonderlich in christlicher
Religion und heilsamer Justiz rühml. profectus er=
langet, sich auch in fremden Landen peregrinando
wohl umbgesehen und etzliche Länder und rerum
publicarum Gelegenheit, Sitten, Rechte und Ge=

bräuche mit Lob und nutz erfahren", daran den Vor=
schlag reihend, daß es „zu des Churfürsten Erleuch=
terung, ihm selbst zu Nutze und Land und Leuten
sowie den Räthen zu Trost gereichen würde, wenn
der Herzog bei herannahender Vollmündigkeit und
noch vor Antretung des Regimentes, der Regierung,
Audienzen und Deliberationen voraus in schweren
angelegenen wichtigen Sachen beiwohnete. Es werde
dies die Reputation der Regierung erhöhen, die Par=
teien würden sich ohne Zweifel desto eher vertragen,
die Unterthanen darüber freuen, den Herzog kennen,
respektiren, lieben und ehren lernen." Sie wiesen
zugleich auf das Beispiel anderer unmündiger Fürsten
und Churfürsten hin, welche „sich in die Regierung
gesetzet, wohl zugleich mit protokolliret, und dadurch
sich zur arbeitt, gedult, audienz und abministration
der heilsamen justiz bei zeit gewöhnet." Der Vor=
schlag blieb aber ohne Erfolg. Churfürst Johann
Georg antwortete am 7. December 1614 von Werns=
dorf aus: „er erinnere sich auch, daß es nicht wenig
fürträglich sey, wenn junge Fürsten in dergleichen
Sachen bei Zeiten etwas sähen und lernten; da er
aber jetzt eben nicht in seinem Hoflager sey, wolle
er der Sache weiter nachdenken und darauf schon
selbst anordnen, was dem Vetter und Pflegsohn
nützlich und vorträglich sei." Eine derartige Anord=
nung erfolgte aber nicht.

Indessen konnte es sich ohnehin nicht mehr um
eine längere Vorbereitungszeit handeln, da Johann

Ernst schon am 21. Februar 1615 das 21. Lebensjahr vollendete, mit dessen Ablauf damals noch im
ganzen Ernestinischen Hause Sachsen die Volljährigkeit eintrat. Da noch zu Anfang des Jahres 1615
von Dresden aus nichts verlautete, was auf die
Beendigung der Vormundschaft hindeutete, so glaubte
nunmehr Dorothea Maria selbst die Initiative ergreifen zu müssen. Auch jetzt aber in der zartesten
Weise. Zunächst ward wiederum Georg Winter dazu
benutzt, in Dresden, namentlich durch den dem Weimarischen Hofe ergebenen einflußreichen Secretarius
J. W. Moser, zu erkundigen, wie man diese kitzliche
Sache wol am geschicktesten angreife. Die chursächsischen Räthe hatten Mosern zurückhaltend erwiedert:
res magna est, amplius deliberandum censeo. *)
Moser selbst rieth: Dorothea Maria möge selbst
„diese Dinge glimpflich an seinen gnädigsten Herrn
bringen, ihn bitten, darüber nachzudenken und sich
auszusprechen, wie es damit gehalten werden solle,
und wenn auch nicht alsbald Resolution darauf erfolge, so habe man doch Ursach, von den Sachen zu
reden. Nur möge man ja nicht etwa soweit gehen,
für den jungen Herzog Johann Ernst, der mit der
Volljährigkeit zugleich selbstverständlich die Vormundschaft über seine unmündigen Brüder erlangte, auf
Grund seiner Eigenschaft als nächster Agnat und

---

*) d. h. es ist eine wichtige Sache; man muß weiter darüber
berathen.

Successionsberechtigter zugleich auch die Vormund=
schaft über die unmündigen Altenburger Prinzen in
Anspruch zu nehmen. Auf die Erkundigung: wie es
im umgekehrten Falle gehalten worden sei, als die
Chur Sachsen vom Herzog Friedrich Wilhelm vor=
mundschaftlich administrirt worden sei? erhielt Dorothea Maria aus Dresden den Bescheid: man habe
damals 14 Tage vor Eintritt der Volljährigkeit des
jungen Churfürsten den Herrn Administrator nach
Dresden kommen lassen und alsbald nach Ablauf
der 14 Tage ihn wissen lassen, daß die Vormund=
schaft nun zu Ende sei.

. So schnell und leicht sollte aber Johann Ernst
nicht zu gleichem Rechte gelangen. Zunächst erholte
sich Dorothea Maria erst noch in gewohnter Weise
Raths bei ihren Brüdern und Verwandten und bei
den Männern ihres Vertrauens, bei den Fürsten von
Anhalt, den Markgrafen Joachim Ernst von Bran=
denburg, den Vettern in Eisenach und Coburg. Lean=
der Rueppel in Prag, Dr. Paulus Prückner in
Schweinfurt und dem Kanzlar Gerhard in Coburg,
— denn sie war unschlüssig, was sie thun sollte;
einerseits — meinte sie — laufe man, wenn man
in Dresden die Aufgebung der Vormundschaft anrege,
dort aber auf Ungeneigtheit stoße, Gefahr, abermals
beim Dresdener Hofe anzustoßen, was sie umso mehr
vermeiden mochte, als die Beschaffenheit der Zustände
im Reiche dies. widerrathe, „wo die Consilia und
Rathschläge bisweilen seltsam und gefehrlich daher=

gingen, auch Anderer Erinnerungen nicht gehört noch angesehen würden." Dazu komme, „daß Johann Ernst dann bald anfangs in eine schwere Last gestecket und in seiner Jugend fast stützigt und müde gemacht werde, auch vielleicht manche wichtige Sache mit mehr Präjudiz, als wenn es in Vormundschafts=namen geschehe, ablaufen dürfte. Andrerseits sei aber auch zu bedenken, daß ihren Söhnen, dem ältesten wenigstens, bei Kontinuirung der Vormundschaft das, was annoch in wichtigen Sachen geschähe, dennoch zum Präjudiz gereichen könne, wenn er, obwohl mündig, zu allen attentatis stillschweigen müsse, und da es gemeiniglich schwer halte, einmal verhandelte Sachen zu hinterziehen, so werde auch eine nachträgliche Nichtigkeitsbeschwerde kaum Erfolg haben."

Die Meisten der Gefragten baten um Zeit zum Nachdenken und zur Berathung mit Anderen. Der vorsichtige Leander Rueppel in Prag aber widerrieth das ganze Vorschreiten im Hinblick auf die damals in lebhaftester Gährung befindliche Zerrissenheit des Reichs in die einander feindlich gegenüberstehenden Lager der Liguisten und Unionisten. „Werde in solcher Zeit" — schrieb er — „Johann Ernst sich der Regierung anmaßen, so werde er sich dem einen oder andern Theile beypflichtig oder anhengigt machen und gleich bei Antritt seiner Regierung in diese Händel sich verwickeln lassen, während, wenn die churfürstliche Vormundschaft fortwähre, die Verantwortung allein dem Churfürsten zufalle und Weimar,

14*

die Sachen schlagen aus wie sie wollen, alles Kummers und aller Sorgfalt völlig sich entschlagen könne." Allein solche Denkart, so klug sie auch von Rueppels Standpunkt aus sein mochte, entsprach nicht derjenigen, die am Weimarischen Hofe herrschte. Johann Ernst erkannte sich — wie seine Mutter sagte und sicherlich auch billigte — „schuldig, göttlichem Berufe Folge zu leisten," und thatkräftig handelnd selbst aufzutreten, sobald die rechtmäßige Zeit dazu eingetreten sei.

Da fügte es sich, daß Churfürst Johann Georg gerade in der Nähe von Weimar, in Weißensee, sich aufhielt, ja vielleicht selbst nach Weimar kommen wollte. Dies betrachtete man als eine Gelegenheit, die man nicht aus den Händen gehen lassen dürfe und entschied sich, den Schritt zu thun. Am 17. April schrieb Dorothea Maria an den Churfürsten, bescheiden anfragend wegen Beendigung der Vormundschaft und zugleich bemerkend, wie ihre zunehmenden Jahre und Kränklichkeit ihr den Wunsch eingäben, noch vor ihrem Tode ihren geliebten ältesten Sohn zu dem Ziele und Stande gelangt zu sehen, darauf sie so sehnlich gehofft. Gleichzeitig schrieb sie auch an die drei einflußreichsten Diener des Churfürsten in dieser Sache, den Geheimraths-Direktor von Schönbergk, den Oberhofrichter von Brandenstein und den Kammer-Secretarius Moser. Der Churfürst erklärte sich bereit, die Vormundschaft aufzugeben und den ältesten Prinzen, Johann Ernst,

in seinem und seiner Brüder Namen die Regierung
des Landes und die Vormundschaft über die übrigen
Geschwister übernehmen zu lassen; allein in solchen
Fällen sei es herkömmlich, daß die Mündel den
Vormund zuvor quittirten und den Entwurf einer
solchen Quittung legte er alsbald bei. Dieser Quit=
tungsentwurf aber bildete nun wieder den Gegenstand
langer Verhandlungen.

In ihm nämlich sollte Herzog Johann Ernst für
sich und seine Brüder versprechen: „die vom Churfürsten
Christian II. begonnene und vom Churfürsten Johann
Georg continuirte Vormundschaft, vom Anfang bis
zum Ende derselben, ohne einige weitere Exception
und Behelf vollkömmlich und, wie sich solches nach
Recht und Gewohnheit eigne und gebühre, gentzlich
zu quittiren und ledig zu zehlen, also und dergestalt,
daß solcher obenangedeuteten Weimarischen Vormund=
schaft und Administration halben weder der Churfürst
noch seine Erben und Nachkommen hinführo weder
durch Johann Ernst noch durch seine Brüder noch
durch seine Erben und Nachkommen belanget, noch
in einigerlei Wege, wie das Namen haben möchte,
in= oder außerhalb Rechtens angesprochen oder an=
gefochten werden sollte, vielmehr sollte Herzog Johann
Ernst sich und wegen seiner Brüder bei fürstlichen
Ehren, Treuen und wahren Worten verpflichten, alles
Dasjenige, was in dieser Weimarischen Vormund=
schaft von beiden churfürstlichen Vormündern seinet=
und seiner Brüder wegen verabschiedet, verhandelt,

verbrieft, bevohlen und durch Dekret und Urthel
entschieden worden, stet, fest und unverbrüchlich
zu halten, demselben ohne einige Ausflucht nachzukommen, aller zwischen Altenburg und Weimar
unerörterter Sach Entscheidung zu erwarten, und es
sonsten allenthalben bei dieser Quittung bewenden zu
lassen, auch den Churfürsten sammt Erben, Erbnehmern
und Nachkommen solcher gepflogenen Administration
und Weimarischen Vormundschaft halben auf alle Fälle
fürstlich zu vertreten, zu benehmen und nicht allein
schadlos zu halten, sondern auch als caput familiae
zu ehren und gebührlich zu respektiren, in Reichs-
sachen ohne des Churfürsten Rath und Bedenken nichts anzuordnen, viel weniger in
einige Religionsmutation und Verbundnuß,
es habe Nahmen wie es wolle, ohne des
Churfürsten und der Weimarischen Landschaft Einwilligung zu consentiren, und dem
Churfürsten an dem ihm zustehenden Henne-
bergischen directorio und Anderem keinen
einigen einhalt zu thun.“

An diesem Quittungsinhalte nahm Dorothea
Maria Anstoß. Wohl ging sie von der Ansicht aus,
daß man, was sich selbst von den unerfreulichen
Sätzen desselben irgend ohne bringliche Gefährde un-
terschreiben lasse, passiren lassen möge, um nur nicht
durch ein Aufstechen der bedenklichen Punkte den
Churfürsten erst recht aufmerksam auf die ihnen mög-
licherweise beizulegende Tragweite zu machen, lange

Verhandlungen und am Ende gar das noch größere
Uebel herbeizuführen, daß der Churfürst, da er die
vormundschaftliche Administration der Lande unge=
theilt überkommen, dieselbe bis zu des jüngsten
Prinzen Volljährigkeit behalte und verlängere. Im=
merhin aber mußten die Stellen, in welchen alle
Handlungen der Vormundschaft und alle während
derselben ergangenen Dekrete — also wol auch das
kaiserliche im Präcedenzstreite? — anerkannt werden
sollten, als bedenklich vom Weimarischen Stand=
punkte aus erscheinen, und gegen den Schlußsatz,
der von der Anerkennung des Churfürsten als do=
minirenden Hauptes der Familie in allen Reichs=
und Religionssachen und in der Hennebergschen Erb=
schaftssache handelte und den jungen aber selbstftän=
digen Landesherrn zu Weimar nach wie vor in einer
gewissen Unmündigkeit erhalten sollte, sträubte sich
vollends Dorothea Maria's fürstliches und mütterli=
ches Herz. Möglich, daß seine Annahme und Be=
folgung die jungen Weimarischen Fürsten vor man=
chen späteren Schritten bewahrt hätte, die mehr oder
minder Gefahren und Leiden in sich schlossen. Wie
es damals im Reiche aussah, wo der große Krieg,
der bald Deutschland 30 Jahre lang zerreißen sollte,
schon in immer fester sich bildenden Parteiungen
sichtlich sich vorbereitete, mußte ein Verlangen, wie
das der churfürstlichen Quittungsnotul wie eine Be=
einträchtigung der „reichsfürstlichen Libertet", wie „un=
würdige Subjektion", wie ein freiwilliges Aufgeben

der eigenen Selbstständigkeit und Entschließungsfrei=
heit erscheinen, auf deren schonende Benutzung von
der andern Seite zu hoffen, die bisherige Erfahrung
nicht eben sehr ermuthigende Anhaltpunkte darbot.
Und in eine Vormundschaftsquittung gehörten doch
in der That derartige, die Unmündigkeit ausdrücklich
verlängernde Zusagen nicht. Das Direktorium Chur=
sachsens in den Hennebergschen Sachen aber war von
Weimar bestritten und wäre also durch die Quittung
jeder Widerspruch auf immer aufgegeben worden, ohne
daß ein Anlaß hierzu in der — damit in keiner Weise zu=
sammenhängenden — Vormundschaftsbeendigung lag.

Dorothea Maria wollte also nur wegen ent=
sprechender Aenderung des Quittungsentwurfs in
einem freundlichen Schreiben Vorstellung beim Chur=
fürsten thun. Aber gewohnt, in solchen wichtigen
Sachen vorsichtiger Weise auch bei befreundeten und
verwandten Fürsten, bei ihren auswärtigen Räthen
Winter und P. Prückner, bei dem gelehrten Rosen=
thal, verschiedenen Koburgschen, ja selbst churfürstlich
sächsischen Dienern von Erfahrung und Einsicht Un=
terstützung des weiblichen Raths zu suchen, fragte sie
auch in dieser Lage dieselben um ihren Rath. Die
Vettern in Eisenach und Koburg waren über den
Theil des Ansinnens, gegen den auch die Herzogin
sich sträubte, ganz entrüstet: „Es will fast damit das
Ansehen gewinnen" erwidern sie, „als wenn Herzog Jo=
hann Ernstens Liebden dießfalls ahn gewisser sowohl
christlicher als fürstlicher libertet und Freiheit in Reli=

gions= und Prophansachen bestricket und in fortwäh=
render Vormundschaft behaftet werden solle, do dann
Se. Liebden in Reichs = und andern vornehmen Sa=
chen kein liberum votum, auch nicht facultatem be=
stenbig zu contrahiren, zu bewilligen oder sich einzu=
lassen haben mochten, es were denn darunter des Chur=
fürsten zu Sachsen Liebden und der Landschaft Con=
sens und Nachlassung erholet.“ Der berühmte Staats=
rechts=Konsulent v. Rosenthal in Speyer erklärte, das
Verlangen solch einer vormundschaftlichen Quittung
sei ihm in seiner Praxis noch nicht vorgekommen.

Der aus all diesen Rathgebungen hervorgehende
Beschluß fiel der Absicht entsprechend aus, die Doro=
thea Maria vom Anfang an gehabt: am 10. Juni
übersandte sie dem Churfürsten mit einem kurzen Be=
gleitschreiben einen abgeänderten Quittungsentwurf,
in welchem die Worte, welche die Anerkennung alles
während der Vormundschaft Geschehenen aussprechen
sollten, gestrichen, und anstatt des Schlußsatzes, wel=
cher die dominirende Stellung des Churfürsten als
caput familiae berührte, das gelindere, lebiglich an
dem bereits und wirklich bestehenden positiven Rechts=
boden festhaltende, Versprechen eingefügt war, „den
Churfürst als caput familiae zu ehren und gebühr=
lich zu respektiren und denen aufgerichteten, mit
leiblichen Eiden bestetigten Erbverbrüder=
ungen, Vereinigungen, Verbündnissen und
Verträgen in Religions= und Profansachen fürstlich
und löblich nachzukommen und Sr. Liebden getreuen

väterlichen und vetterlichen Raths, Hülff' und Bei-
standt sich jederzeit zu getrösten, immaassen auch Se.
Liebden sich von ihm aller fürstlich vetterlichen und
söhnlichen bescheidenheit und correspondenz gewiß zu
versehen haben sollen."

Allein der Churfürst ging auf diesen Gegenent-
wurf nicht ein. In sehr entschiedener und empfind-
licher Sprache, „in harten und unverhofften Schriften", die er durch einen eigenen Boten am 24. Juni
von Neustadt a. O. aus sandte, wies er die „gemil-
derte Notull" zurück und bestand auf schleuniger Annahme des unveränderten Entwurfs. Umsonst drückte
Dorothea Maria ihm ihre Bestürzung über seine
Mißdeutung ihres Gegenentwurfs aus, den ihr nur
„ihre mütterliche treuherzige sorgfeltigkeit für ihren
ältesten Sohn und zu seinem schutze, nicht aber Hin-
tergedanken zum Nachtheile des Churfürsten eingege-
ben", und sprach nochmals die Hoffnung aus, daß der
Churfürst ihn doch noch annehmen werde, — am 8.
Juli antwortete letzterer: „er habe sein gemüth und meinung genugsamb dahin zu verstehen gegeben, daß sein
Quittungsentwurf dem Rechte und aller billigkeit gemäß sei, er beharre daher dabei und achte vor unnöthig, sich hierüber mit der Fraw Wittbe in ein
weitläuftig Disputat einzulassen, sondern lasse die
Vormundschaft in dem Stande, wie sie jetzt sei, und
wolle doch sehen, ob man ihm über sein billiges und
rechtmäßiges Erbieten etwas Weiteres werde zumuthen
können."

Die bedrängte Fürstin pflog nun wieder mit ihren gewohnten Rathgebern in Nähe und Ferne Rath; G. Winter und P. Prückner wurden wieder nach Weimar citirt. Alle stimmten über die Unrecht=mäßigkeit der churfürstlichen Forderung überein. Mochte auch, wie Georg Winter vertraulich erfahren zu haben meinte, ein Hauptmotiv des Schlußsatzes des churfürstlichen Entwurfes in der in Dresden be=standenen Besorgniß liegen, Johann Casimir in Ko=burg wolle zur Union übertreten und werde dann bald auch die jungen Weimarischen Fürsten dahin ziehen, die Forderung blieb eine unberechtigte und die befragten Reichsfürsten sahen sogar ihren ganzen Stand durch solch ein Verlangen bleibender Unselbst=ständigkeit, wie der Schlußsatz der Notul es enthielt, gefährdet. Die Mittel der Gegenwehr aber, nach denen man sich umsah, und das schwache Vertrauen, das dabei gerade von den erfahrensten Männern zu erkennen gegeben ward, werfen wiederum ein trau=riges Licht auf die damaligen Rechtszustände im deut=schen Reiche.

Es lag der Gedanke nicht fern, die Erbverbrü=derten auch wegen Schlichtung dieses Streites anzu=gehen und da hierbei der churfürstlich brandenburgische Hof eine bedeutende Einwirkung geübt haben würde, sandte man Georg Winter nach Berlin, wo er mit dem churfürstlichen Kanzlar Bruckmann ausführlich die Sache besprach. Bruckmann erkannte auch seiner=seits die churfürstliche Forderung für unbillig und

meinte „man könne sich ja wol an die Erbverbrü=
berten, an das Reichskammergericht, an den Kaiser
selbst deßhalb wenden", zugleich aber fügte er hinzu,
„es were sich bei dem jetzigen Zustande darauff gar
nicht zu verlassen, weil man ja wisse, wie es an allen
ortten so wunderlich durch einander ginge; zu dem
so were zu besorgen, wan diese Sache weitläuftigk
gemacht würde, es möchte der Weimarische Hof da=
durch je länger in großen Schaden kommen, denn
man sehe wohl, wie es in vormundschaftssachen her=
ginge. Er wolle derohalben lieber rathen, man
möchte, ferneren schaden zu verhüthen, nachlassen,
was man immer könne, damit nur Herzog Johann
Ernst zur Regierung komme, und möge hernach hal=
ten was man könne." Diesem Rathe, der nur einer
gänzlichen Muthlosigkeit entstammen konnte, schloß sich
im Wesentlichen auch Georg Winter selbst an, „da
auf die Hülffe selbst der nächsten Freunde in dieser
Sache sich nicht eben zu verlassen sei. Ew. Fürstl.
Gnaden" — schreibt er — „sehen als eine weise
Fürstin, was endlich daraus wird, Sintemahl Keiner
der Katzen die schelle gern anbindet, wanns zum
Treffen kommt, welches denn die tägliche Erfahrung
giebet." Aber einen Versuch der Hülfe auf geheimem
Wege rathet er denn doch. An den Bischof Glösel,
dieses Factotum im kaiserlichen Rathe, möge die Her=
zogin brieflich sich wenden; er selbst werde in we=
nigen Tagen nach Prag gehen und wolle, wenn's
gewünscht werde, der Ueberbringer des Briefs und

Fürsprecher seines Inhalts sein. Da alle Churfürsten an diesen Bischof schrieben, brauche die Frau Herzogin auch kein Bedenken zu tragen, an ihn zu schreiben. Es heiße: „wer nicht wirbt, der verdirbt" und „wer das Feuer bedarf, der mag es wohl in der Asche suchen."

Der Rath, die Quittung zu vollziehen und die Ausführung sich im Stillen vorzubehalten, fand keinen Anklang bei einer Denkungsart, wie sie am Weimarischen Hofe herrschte. Dorothea Maria erwiderte: „sie könne nicht befinden, wie diese Notull zu vollziehen und mit Nichthaltung fürstliche Ehr und gut Gewissen unverletzt erhalten bleiben möge." Dagegen wurde der Rath, sich an Bischof Glösel zu wenden, und Winters Erbieten, das Schreiben selbst nach Prag mitzunehmen, umso bereitwilliger angenommen, als ja Glösel schon einmal, in der Präcedenzsache, sich Weimar ganz geneigt und förderlich erwiesen hatte.

Während nun Winter seine Reise nach Prag antrat, nahmen in Weimar die Berathungen mit den nächsten befreundeten und verwandten Fürsten ihren ununterbrochenen Fortgang, aus allen trat aber immer deutlicher hervor, wie wahr Bruckmann die Zustände geschildert: überall derselbe Mangel jeglichen Vertrauens auf die Erreichbarkeit selbst der gerechtesten Forderungen, und — dieselbe Schwäche und Muthlosigkeit der befreundetsten Fürsten, wenn es sich darum handeln konnte, selbst aufzutreten als männliche Fürsprecher der verwittweten Fürstin. So bei

Johann Casimir, so bei Landgraf Ludwig von Hessen=
Darmstadt, der sich, wegen seiner Unkenntniß der
Verhältnisse im Hause Sachsen und um nicht durch
Einmischung in Familienzwistigkeiten „ungleiche Ge=
danken zu erwecken", selbst der Meinungsäußerung
in der Sache enthielt, zugleich aber rieth, sich „mit
.guter Diskretion dem Verlangen des Churfürsten zu
accomodiren, um die Administrations=Ab= und An=
tretung zu facilitiren." Aehnlich rieth selbst der
eigene Bruder der Herzogin, Hans Georg zu Anhalt.
Auch der Dresdener Hoftheolog Hoë v. Hoënegg,
dem die Herzogin gelegentlich auch über diese Ange=
legenheit geschrieben hatte, rieth ihr angelegentlichst
gänzliche Nachgiebigkeit und volles Vertrauen auf
den Churfürsten, „der fürsetzlich gewiß nichts Unbil=
liges zumuthen, sondern ihren Söhnen ihre Rechte
allezeit gern gönnen werde." Dorothea Maria schrieb
auf einen Zettel, den sie in Hoënegg's Brief legte:
„wenn diese erklarungk von dem Churfürsten geschehe,
so were der Sachen geholffen. Es ist zwar an dem
Churfürsten nicht zu zweifeln, sondern an denen, die
den Rat dahin geben haben und umb derselbigen
willen in acht zu nehmen."

Eines noch versuchte die für ihrer Söhne Recht
unermüdliche Dorothea Maria in dieser Lage, einen
Weg, dessen Betretung ihr gewiß sehr schwer ward:
sie schrieb an diese churfürstlichen Räthe sowie an den
churfürstlichen Hofmarschall von Osterhausen selbst,
an jeden einzeln, und bat sie um ihren Beistand und

ihre Fürsprache. „Sie sei weit entfernt, ein weit-
läufig Disputat gegen den Willen des Churfürsten
anregen zu wollen, ebendarum wolle sie auch ihm
selbst mit Schreiben nicht beschwerlich fallen; ihre
treue mütterliche Fürsorge sei nur auf eine solche leib-
liche Erklärung der Quittung gerichtet, damit dieselbe
von Dritten nicht angezogen und ihren Söhnen
und deren Rechten gegen Dritte nicht präjudicirlich,
noch auch fürstlichen Freiheiten und Privilegien ab-
brüchlich gedeutet werden könne. Ihr ältester Sohn
sei denn auch (Gott Lob und Dank) in aller Gottesfurcht und der reinen Religion und fürstlichen Tugenden auferzogen, so daß man vertrauen könne, er
werde der Unterthanen Heil nach der löbl. Vorfahren
rühmlichem Exempel mit Fleiß wahrnehmen, des
Churfürsten Liebden als das Haupt der Familie, wie
herkömmlich, in Religions- und profanen Sachen gebührlich respektiren und sich in dem einen und anderen so bezeigen, daß des Churfürsten Liebden einen
freundlichen gefallen darob haben solle und den eib-
lichen Erbverbrüderungen, sowie den väterlichen und
großväterlichen Dispositionen (von denen ein Extrakt
sofort beigefügt ward) kindliche gehorsame Folge geschehe. Und weil sie nun wisse, daß die chursächsischen
Räthe viel vermöchten, so wende sie sich an sie mit
dem gnädigen Ansinnen und Bitten, sie möchten das,
was hierin fürträglich, mit bequemer Gelegenheit bei
des Herrn Churfürsten Liebden glimpflich und unter-
thänig anbringen, Sr. Liebden ungleiche Gedanken

benehmen und wohl einbilden, daß Se. Liebden von
ihren Söhnen nimmermehr belanget, sondern in aller
söhnlichen Reverenz hochgeehrt und respektirt werden
sollten, derentwegen er die Quittung in etwas er=
klären oder mildern oder ihr selbst einen persönlichen
Zutritt und freundlich mündliche Unterredung ver=
statten wolle. Wenn sie das zu Wege brächten und
Alles zum Besten wendeten, thäten sie, was Recht
und billig und zum Wohle des Hauses Sachsen ge=
reiche und werde sie und ihre Söhne es ihnen dank=
bar und in Gnaden gedenken.“

Aber auch dieser Schritt blieb ebenso erfolglos,
wie der Versuch, durch „einen fürnehmen churfürst=
lichen Offizier“ am Hofe zu Dresden vertraulich zu
erfahren, ob eine Milderung der Quittung wirklich
nicht zu verhoffen stehe; und da nun auch aus Prag
gleich hoffnungslose Nachrichten einliefen, mußte man
sich schon in Weimar mit dem Gedanken vertraut
machen, den churfürstlichen Quittungsentwurf so, wie
er war, zu vollziehen, obwol der beschränktere Sinn,
den man ihm in Weimar gab, und den man gleich=
zeitig dem Churfürsten offen und ausdrücklich zu er=
kennen zu geben beabsichtigte, von dem weiter gehen=
den Sinne abwich, in dem man die Sätze in Dres=
den allem Anscheine nach verstand und dem Wort=
laute nach auch verstehen konnte. Johann Ernst, der
hierbei die handelnde Person sein sollte, erwog trotz
seiner Jugend die vorliegende Frage schon mit dem
ganzen sittlichen Ernste eines gewissenhaften Mannes

und mit der ganzen Schärfe und Tiefe eines durch=
gebildeten Geistes. Die Zweifel aber, die ihm hier=
bei gegen die Zulässigkeit und Wirksamkeit des ganzen
Rechtsakts beigingen, wußte in eingehendster und
scharfsinnigster Weise sein Lehrer und Führer, Fried=
rich Hortleder, zu beseitigen. Da dieser ganze Ge=
dankenaustausch zwischen Johann Ernst und Hortleder
in eigenhändigen schriftlichen Auslassungen Beider
aufbewahrt geblieben ist, so glauben wir dieselben
wenigstens in der Anmerkung*) den Lesern ihrem

---

*) Die eigenhändige Niederschreibung Johann Ernsts vom
31. August 1615 enthält folgende Fragen und Antworten:

„Es wird gefragt: 1)

Ob die alte Quittung, wofern der Churfürst sich nicht ei=
gentlich erklerte, daß er sie in keinem andern als in unsrem Ver=
stande wolle interpretiren oder auslegen lassen, zu vollziehen sei?

Hierauf wird geantwortet mit Ja, Ursach:

Denn obgleich die wort ziemlich fremde scheinen, so achten
doch Ihro Gnaden der Churfürst die quittung den Rechten ge=
mäß; Wan sie nuhn den Rechten gemes verstanden Undt von
mihr exceptis excipiendis angenommen Undt Unterzeichnet wird,
hatt es keine gefahr.

Es entstehet aber wieder eine Frage: 2)

Von wehm die Quittung den Rechten gemes muß verstan=
den werden? Darauf wird geantwortet: wehr sie giebt und un=
terschreibet, uf dessen meinung ist fürnehmlich zu sehen.

Dann fragt man wiederumb: 3)

„Ob Eines theils consens in dergleichen handelung, die ei=
nem contract nicht unehnlich, genugsamb? Undt ob in dergleichen
Fällen des andern theils einwilligung nicht nöthig?

Dieser Frage kann geantwortet werden:

Wenn der Churfürst stillschweiget, so consentiret er; wen er
dem schreiben nicht austrüglich widerspricht, so ist es eben dieses.

15

ganzen Inhalte nach darbieten zu sollen, als einen

Also dann entstehet diese Frage: 4)

Ob der Churfürst, wen er dem schreiben nicht ausdrüglich widerspricht, bei seiner alten meinung bleibe Undt hierdurch unserem schreiben widerspräche?

Hierauf wird geantwortet mit Ja, Ursach:

Denn: wer sein wort auf schrauben setzet, dessen gentzliche meinung ist nicht diese, wie er sie von sich schreibet; wen der Churfürst sich nicht deutlich erkleret, so setzt er sein wort auf schrauben; Deßhalben ist dieses nicht seine gäntzliche Meinung, wie er sie von sich schreibet.

Ist dieses nicht seine meinung, die Quittung in Unserm verstande anzunehmen, so widerspricht er unserm schreiben.

widerspricht er unserm schreiben, so ist sein consens nicht da. Ist sein consens nicht da, so kan der contract oder die Quittung nicht bestehen.

Kann die quittung nicht bestehen, so ist sie auch nicht, ja keineswegs zu vollziehen.

Von dem stillschweigen des Churfürsten kan hernach auch wohl geschrieben werden, Ich achte aber gäntzlich davohr, daß, wan es gleich an schriftlicher erklerung mangeln sollte, so müsse doch nothwendig der Churfürst in dem anbringen desjenigen, so Ihro Gnaden zur Uflassung anhero ordnen würden, sich münblichen erkleren."

Auf der Rückseite dieser Niederschreibung des Herzogs Johann Ernst legte Hortleber seine Gegenbemerkungen nieder. Er gab dem Herzog in der Beantwortung der drei ersten Fragen Recht, die weiter folgenden Bedenken desselben aber suchte er dadurch abzuschneiden, daß er auf des Herzogs eigene Beantwortung der dritten Frage verwies, darnach der Churfürst „nicht nur wenn er stillschweige, sondern auch, wenn er nicht ausdrüglich widerspreche, als consentirend zu betrachten sei." Damit sei von selbst die vierte Frage ausgeschlossen: denn wenn der Churfürst auch bei seiner alten meinung bleibe, aber nicht ausdrücklich widerspreche, sei er ebenfalls als consentirend anzunehmen, denn „cogitationes in mente retentae nihil operantur und sibi imputet, qui legem

Beitrag zur Charakteristik beiber Männer wie der Jurisprudenz damaliger Zeit.

---

contractus non aptius dixerit. Würde also der Churfürst uf seiner Meinung beruhen unb es anzeigen: so bliebe hier die Vollziehung nach. Würde aber Se. Churfürstliche Gnaden stillschweigen, so nehmen Sie bie erllerung zugleich an. Wann es der Churfürst heimlich anbers verstünbe unb annehme, Mangelte es an bes anbern theils consens unb were bie volziehung so viel als nichts unb für ungeschehen, nichtig unb unbülnig zu achten. Ist der Consens nicht da, so kann ber contract nicht bestehen; kann er nicht bestehen, so ist bie quittung nichts." Trete aber dieser Fall ein, so sei der Herzog wegen ber Vollziehung entschulbiget unb jebenfalls nichts bestoweniger „bes regiments richtig fähig worden." Die Schluß-Argumentation bes Herzogs könne burchaus nicht zugestanben werden. Sie müsse vielmehr so lauten: „Wer sein wort fürstlich, mit Fleiß, um einen anbern zu verfangen, auf schrauben setzet, berselbe meint es nicht gänzlich ober gar nicht, wie er schreibt, sonbern will einen Anbern hinters licht führen, unb bamit kommt er in ben Rechten nicht fort."

Hierauf replicirte Johann Ernst, wieberum eigenhänbig, wörtlich Folgenbes:

„Obgleich bei ber vorgehenben britten Fragen basjenige, bamit sie limitiret, nicht gäntzlich einzugehen, so achte ich boch bafür, wenn ich folgenbem Argument bie Spitze werbe abbruchen haben, es soll meine meinung bestehen. Angebeutetes Argument aber ist bieses:

„Wer bie volziehung eines pacts, so mit gewißer erllerung geschieht, unbt anberer gestalt nicht geschehen wolle, mit stillschweigen annimbt, ber wiberspricht ber erllerung ober erllerten conbitionirten mobificirten Volziehung nicht.

„Der Churfürst nimbt bie Volziehung bes pacts, so nicht anbers als mit gewisser Erllerung geschehen wollen, mit stillschweigen ahn.

„Deßhalben wiberspricht ber Churfürst ber erllerung ober erllerten conbitionirten mobificirten Volziehung nicht.

„In dieser schlußrede, dieweil der Churfürst bei dergleichen Volziehung seine vorige Meinung, nach laut der unterschiedtlichen uf überschickte quittung anhero gefertigte schreiben, behalten will und kann, fürnemblich aber die quittung zu endern gäntzlich nicht gemeinet, als muß major propositio negiret werden.

„Das aber der Churfürst bei voriger seiner meinung und dem verbal verstande, wan er mit stillschweigen die Volziehung annehme, beharrete, erscheinet hieraus: denn

„So lange einer seiner meinung weder mit worten, in schriften oder in den thaten nicht widerspricht, so lange bleibet er bei voriger meinung. Der Churfürst, so er mit stillschweigen die Volziehung annimbt, widerspricht seiner meinung weder mit Worten, in schriften oder in den thaten nicht.

„Ergo . . . . .

„Den das factum ist ambiguum, eines bestehet in der Volziehung nach den wortten, das andere in der conditionirten Volziehung, Igitur

„Ubicunque invenitur ambiguitas, ibi nulla contradictio. bleibt dannenhero die angezogene objection wieder obiges Argument bestendig, nemblich: das der Churfürst seiner vorigen deutlichen erklerung nach, nicht conditionirt oder modificirt sondern nach den wortten die volziehung ahnnehmen und verstehen wollo, undt kann solchergestalt die conditionirte Volziehung mit stillschweigen sowenig ahngenommen als sie mit stillschweigen kann verworfen werden.

„Die gesetzte ampliation meines Majoris las ich gentzlich passiren, undt besorge dannenhero nuhr, daß die daraus folgende connexion churfürstlicher Rähte einzig intent sey, denn:

„Wer seine wort uf bitt undt gebührlich suchen nicht erkleret, der setzet sie fürsetzlich uf schrauben.

„Vors Andere die angezogene Regel (captiosa interpretatio et quae reccurrit in reprehensionem prudentum non admittitur) hatt soferne statt, woferne dergleichen auslegung nicht angenommen. Wer wolte aber was sagen, wen er die deutlichen derben wortt der quittung lehse, Undt darbei keine exception noch

Ernſt's Bedenken. Am 2. September konnte Doro=

einzige erklerung Churfürſtlicher gnädigſter meinung, die per ali-
quam contradictionem ipsismet Electoris necessario ervolgen
muß, fände, als dieſes das dergleichen auslegung angenommen.

„Was vors dritte vorbracht, iſt eben dieſes, darauf ich ziele:
wirdt mihr nuhr zugegeben, das dergleichen volziehung nulla,
wer wil den rabten, das ſie zu volbringen."

Darauf duplicirt Friedrich Hortleder:

„Es iſt das Argumentum Achillicum et Adamantinum,
das ſein ſpitz nicht abgebrochen, noch die propositio negirt werden kann, dann die propositio iſt juris undt lautet alſo: „wer
die volziehung eines pacti, ſo mit gewiſſer erklerung geſchieht,
mit ſtillſchweigen abnimmt, der widerſpricht oder verwirft die
conditionirte und gemeßigte volziehung nicht, das iſt: der leſſet
ihm die erklerte volziehung gefallen. Urſach: Dan ſonſten, wan
er ihm die bedingte gemeßigte antwort oder volziehung nicht gefallen ließe, ſo were die volziehung ganz uunützlich und unbind-
lich. Alſo machte er ſelbſt, daß der pact zu nichte und keine
obligatio noch stipulatio geſchloſſen würde, welches nicht vermuthlich. Antwort und Zuſage muß mit der Frag und begehren
übereinkommen; ſobald was dazu oder davon gethan, iſt der contract nichts und wird die Handlung vitiiret." Hortleder verweiſt
auf l. 183, 4 folg. Dig. de verbor. obligat. und führt dann
fort: „Es iſt alſo die obige angefochtene propositio und das argument genug erhärtet. Geſetzt, Se. Churf. Gnaden ſtipuliren,
begeren und fragen gleich deutlich: ob mein gnädiger Fürſt und
Herr wolle ſchlecht (ohne erklerung und beding) pure und nach
dem wortverſtande die quittung volziehen? Mein gnediger Fürſt
und Herr antwortet mit beding und erklerung, wie er ſie wil
volziehen. Dieſe ungleiche, vom wortverſtande abweichende antwort leſſet Ihr Se. Churf. Gnaden gefallen oder nicht gefallen.
Geſellet ſie ihr, ſo iſt es richtig, geſellet ſie ihr nicht, ſo iſt es
nichtig. Es folget aber nicht, daß darumb mein gnädiger Fürſt
und Herr die volziehung unterlaſſen und das regiment verlaſſen
ſollte; dann wan ich weis, daß mir ein Ding keinerlei weiſe ſched-
lich iſt, worumb ſoll ich es nicht gehen laſſen, wie es geht, da-

thea Maria den entscheidenden Schritt in einem
Schreiben an den Churfürsten*) thun, in welchem sie,

---

mit ich nur an meinem Recht nicht gehindert werde? Es ist ja
besser, auf allen Fall ein nichtig actum zu celebriren und sich der
lande und leute zu bemechtigen, als ein nichtig actum zu ver-
weigern und badurch der landt und leute zu entbehren. Es were
auch die Schuld denen beizumessen, die über den Handel eine
solche Auslegung machten, das sie inutilia, null und nichtig, do
sie doch in rechter außlegung wohl kräftig und richtig sein und
bleiben könnte. Volenti non fiat injuria.“

*) Auch dieses Schreiben theilen wir seiner Wichtigkeit we-
gen seinem ganzen Inhalte nach mit:

„Was wir der nahen verwandtnuß nach viel ehr, liebes p. pp.
Ew. Liebben fernere antwortt unterm dato den 8. Julii wegen
der Quittungsnotull weimarischer vormundschaft haben wir zu
recht empfangen und baraus vernommen, daß sie bei Ihrer überschickten Notull nochmals beharren. Wie aber Ew. Liebben sich
mit Uns hierüber in weitleuftig Disputat zu begeben, vor un-
nöthigt achten, Also seindt auch wir dieselbe damit zu verschonen
jederzeit gemeint gewesen und noch gemeint und haben ebendarum
Ew. Liebben vorhin unser anliegen nuhr durch eine andere Notull,
ohn einig Disputiren, freundlich zu verstehen gegeben. Dann
wier bekennen, das wir in denen gedanken gestanden, wau die
quittung begehrter maßen vollzogen würde, so dürfte auch wohl
wieder Ew. Liebben treu vetter- und vaterliche intention unser
freundl. gel. eltern Sohns Liebben eine und andere Gefahr durch
anderer leuthe außlegung und mißverstände zuwachsen, brüderliche uneinigkeit verursacht, dann tertio und britten Mann die
quittung in den schwehren, theils rechthengigen und noch uner-
örterten hendeln, sonderlich in den praecedentz- oder, wie es
genennet wirbt, primogeniturstreit, vor sich anzuziehen ahnlaß
gegeben und sonsten an denen, unsern freundlich geliebten Söhnen
gebührenden, Rechten und gerechtigkeiten, soviel Ihren Liebben
außerhalb der Vormundtschaftverwaltung und eigentlich dahin gehörigen Sachen zustehen, sowohl an Ihrem freien Fürstenstande

nach schonendster Darlegung der Motive ihres bis=
herigen Verlangens nach Abänderung des Quittungs-

---

praejudiz zugefüget werden, Welches Wier aus treuer mütterli=
cher sorgfeltigkeit nicht unbillig gerne verhütet sehen, darob auch
Ew. Liebben und Menniglich unß gewißlich nicht verdenken,

„Nachdem aber Ew. Liebben sich vorhin unbt itzt anderweit
freundlich vernehmen laßen, daß Ihr erbieten unbt überschickte
Notull dem Rechten unb aller billigkeit gemeß, unbt kein Unpar-
theyischer weder hohes noch niedriges standes, dieselbe werde
improbiren können, (dahero wier Unß desjhenigen, wie oben angezogen, nicht zu befahren) hingegen in unsrer gemilternben Notull Ew. Liebben unbt dero Posterität nicht gesichert sein, auch
dergestalt von der weymarischen Vormunbschaft, die Sie gleich-
wohl mit Gotteshülff so geführet hette, das Niemand sich mit
befug zu beschwehren werde Uhrsach haben, für ihre gehabte
Mühe unb sorge wenigen ruhm unb bank erlangen würden, unbt
also die unß überschickte Quittungsnotull zu Ew. Liebben sicherung gemeinet unb dem herkommen, Rechte unb aller billigkeit
gemeß verstehen, achten unb erclären, So haben wir ben Dingen
ferner nachgesonnen unb müßen mit solchem freundlichen erbieten
unb erclerung, weil es biesen billigen unb rechtmäßigen verstanbt
haben soll, umb fried unb einigkeit, auch vertraulicher correspon-
bentz willen, endtlich zufrieden unb begnügt seyn; Wollen unß
auch freundlich getrösten, wann Jemanbt eine andere außlegung
unb mißverstanb zu suchen unb bermaleinst herfürzubringen, sich
unterstehen möchte, Es würde Ew. Liebben solches nicht gut
heißen, sondern Uns unb Unsern freundlich geliebten Sohne bei
gleichem Rechte unb aller billigkeit, auch habenben absonberlichen
gerechtigkeiten schützen, handhaben unb des hochlöblichen chur-
unb fürstlichen Hauses unb aller seiner Gliebmaaßen reputation
libertet, Hoheit, Stanbt unb ehre erhalten, vermehren unb fortpflanzen helffen; In solcher freundlichen zuversicht unb gutem
vertrauen, baburch Ew. Liebben unb Dero Posteritet allein genugsam gesichert unb außer aller gefahr unb anspruchs gesetzet,
Auch mit gebürenbem ruhmb unb hohen bank quittiret unb re-

entwurfs erklärte: „Nachdem der Churfürst sich
freundlich vernehmen laſſen, daß ſein Er=
bieten und überſchickte Notul den Rechten
und aller Billigkeit gemäß, hingegen in der
(in Weimar entworfenen) gemilterden Notull der
Churfürſt und ſeine Poſterität nicht geſichert ſey, ſo
habe man in Weimar den Dingen ferner nachgeſon=
nen und müſſe mit ſolchem freundlichen Erbieten und
erklerung, weil es dieſen billigen und recht=
mäßigen Verſtand haben ſolle, umb fried und
einigkeit, auch vertraulicher Korreſpondenz willen, end=
lich zufrieden und begnügt ſeyn."

Am 10. September antwortete der Churfürſt in

<hr />

ſpettiret werden, Deſſen aber ſich ſonſten niemandts, wer oder
welche die auch ſeyn, Ihnen zu frommen, unſern geliebten Söh=
nen aber zu Nachtheil gebrauchen ſoll, haben wier Unß in un=
ſerigen angehenden Alter und noch wenigen übrigen kümmerlichen
und ſorglichen Leben, bei den geſchwierigen Leufften und Zeiten
mit mütterlicher Freude über eintrechtigen Verſtändnuß undt
glücklicher regierung unſrer Söhne verhoffentlich noch in etwas
zu ergetzen, Vertrauen auch Unſres freundlich geliebten eltern
Sohns Liebben nunmehr dahin mütterlich zu erinnern und zu
bewegen, das Se. Liebben die überſchickte notull zu Ew. Liebben
und Dero Poſterität genugſamer verſicherung, ruhmb und ehren,
satisfaction und freundlichen gefallen ohne verweigerung in ob=
bemeltem Verſtande und maß volziehen und dargegen die ab=
tretung undt einreumung der landesregierung, und was dem
anhengig, gewarten möge, Verſehen unß demnach, Ew. Liebben
werden ſich nunmehr freundlich ercleren, und ſodann ihrer freund=
lichen Vertröſtung nach, hierinnen ferner was billig und noth
iſt, verſchaffen ꝛc. ꝛc.

einer Weise, welche wiederum neue Zweifel erregen
mußte:

„Aus Ew. Liebden schreiben haben wir gern
vernommen, daß dieselben nunmehr mit unser, Ew.
Liebden vor dessen zugeschickter Quittungsnotull zufrieden, solche den Rechten und aller billigkeit
gemäß befinden und darneben sich anerbieten,
Mütterlich daran zu seyn, daß der hochgeborne Fürst
unser freundlich lieber Vetter und Pflegsohn, Johann
Ernst, Herzog zu Sachsen, solche vollziehen und dar=
gegen Abtretung und einräumung der Landesregier=
ung gewartten möge, Acceptirn solches hiermit freund=
lich, Seindt auch erpötig, Ew. Liebden förderlichst
die Zeit zu benennen, wann die völlige resignation
der bisher getragenen Weimarischen Vormundschaft
von Uns geschehen und erfolgen soll 2c."

Was sollte man nun gegenüber dieser churfürst=
lichen Erklärung thun? Mit dem Dresdner Quit=
tungsentwurfe hatte man sich in Weimar keineswegs
allgemein und unbedingt, sondern nur unter
der Voraussetzung und in der Einschränkung
zufrieden erklärt, daß er „den Rechten und der Billigkeit gemäß verstanden werden wolle." Auf diese
Voraussetzung hatte nun der Churfürst mit keinem
Worte erwiedert. Hatte er sie angenommen oder
nicht? Dies erweckte in Johann Ernst neue Zweifel
und Bedenken, die er wiederum tief eingehend ausführlich niederschrieb und Hortleder wiederum ebenso

bekämpfte.*) Letzterer beseitigte sie schließlich mit fol=
genber Schlußfolgerung: die Vollziehung der Quittung
nach ihrem Wortverstande und Buchstaben
ist in dem Weimarischen Schreiben abgeschlagen;
sie ist nur in einem gewissen Sinne, cum conditione et explicatione, angeboten. Wo aber nur
eine Vollziehung angeboten ist, da kann auch nur
eine acceptirt sein, nämlich dieselbe, welche und
wie sie angeboten worden. Sollte eine andere
acceptirt sein, so ist die ganze Acceptation vi=

---

*) Johann Ernst's Zweifel lauteten folgendermaaßen:

„Von itziger des Churfürsten resolution wird gestritten: ob
in derselben der Churfürst die conditionirte Vollziehung annehmen
wolle ober nicht?

„Die, so affirmativam sententiam vor guet halten, sagen,
es sei eine stipulatio, mit den stipulationibus aber sei es also
beschaffen, daß, so oft der promiesor obligationis aliquid ad-
jicit aut detrahit, so oft werde die obligation vitiiret unbt lasse
sich solchergestalt mit unserm sal vergleichen, denn der Churfürst
forbere seine quittung simpliciter zu volziehen. Wihr antworten
unb erbieten Uns, solches zu thun cum conditione, so volget
nuhn aus obangezogenen wort, daß die obligatio vitiata unbt
nulla wehre, Nisi stipulatori diversitas responsionis uno
placuisset, bas aber dies NISI in der näml. überschickten churfürstlichen resolution seyn soll, will man hiermit beweisen. Den

„was mit klaren deutlichen wortten in einem schreiben gentzlich verworffen wird, das ist in besselbigen schreiben nicht zu
befinden.

„daß man die quittung nach den wortten volziehen wolle, ist
mit klaren deutlichen wortten in dem fr. mütterlichen schreiben
verworffen.

„beßhalb ist basselbe in dem fr. mütterlichen schreiben nicht
zu befinden.

tiirt und nichtig, es ist dann eben auch gar
nichts, was den Weimarischen Hof bände,
zu Stande gekommen. Die Quittung kann also
getrost vollzogen werden.

Johann Ernst beruhigte sich hierbei und der
Schachzug des churfürstlichen Schreibens hatte in
Friedrich Hortleder seinen Meister gefunden. Um
aber sich möglichst sicher zu stellen gegen jede ungün=
stige Auslegung der vollzogenen Quittung riethen P.
Brückner, H. v. Rosenthal, D. Laurentius Braun und

„Was nun in dem fr. mütterlichen schreiben nicht befunden,
darauf hat sich der Churfürst nicht zu referiren, referirt er sich
aber uf dieses nicht, so ist hier kein tertium undt deßhalben hat
er unser conditionirte Volziehung ihm gefallen lassen und ahn=
genommen.

„Hierauf wird geantwortet und in obigem syllogismo Ma=
jor propositio negiret. Den Ist in dem freundt=mütterlichen
Schreiben zu befinden, daß Ihro Gnaden die quittung mit con=
dicion volziehen wollen, so Ist auch darinnen zu befinden, daß
Ihro Gnaden die Quittung wollen ahnnehmen. Ratio: quia
posita specie necesse est.

„Ob auch gleich wolte gesagt werden, die quittung zu vol=
ziehen und die Quittung mit beding zu volziehen seindt connexa
als baß, so eines angenommen wird, das ander auch angenom=
men werden muß, wofern die obligation nicht vitiata et nulla
seyn soll.

„Dieses geb' ich zu secundum quid und sage baß es wahr
sei respectu nostri, respectu Electoris können es gar wohl se=
parata sein, Den bem Churfürst stehet frei es beides anzunehmen,
Undt so bestünde Unser pactum, oder eines nuhr von demselben,
und also wehre das pactum nullum et vitiatum, welches letztere
dan aus seinem schreiben fast erscheinet.

D. Fomann: Johann Ernst möge durch eine, vor Vollziehung der Quittung vor Notaren und Zeugen abgegebene, Erklärung über den Sinn, den er den Worten der Quittung beilege, jede spätere weiter gehende Auslegung ausschließen.

Am 30. September meldete Dorothea Maria nach Dresden: „ihr Sohn Johann Ernst habe Alles in ihre und des Churfürsten freundlichen vergleich gestellet, sey über den getroffenen Accord sehr erfreuet und weil er befünde, daß Beides der Churfürst zur Genüge gesichert und er (Johann Ernst) selbst für sich und seine Brüder der vorhin besorgten gefahr und mißverstandes, sonderlich wegen des tertii, sich nunmehr nicht zu befürchten habe, so habe sie befohlen, die Quittung ins Reine zu bringen und bitte um weitere Anordnung und Nachricht." Diese erfolgte unterm 7. Oktober dahin, daß am 30. der vormundschaftliche Resignationsakt in Weimar stattfinden solle, zu welchem Zwecke die churfürstlichen Kommissarien sich bereits am 28. Oktober daselbst einfinden würden. Den Räthen zu Weimar ward gleichzeitig befohlen, „auch ihrerseits sich darnach zu achten, und die Unterbeamten anzuweisen, uf solchen Tag ebenmäßig nicht auszureisen, sondern daheim sich zu verhalten."

Es war nun Zeit, die mundirte Quittung zu vollziehen und hierbei die beabsichtigte Erklärung und Verwahrung vor Notaren und Zeugen abzugeben. Am 28. Oktober Vormittags, zwischen 9 und 10 Uhr, fanden sich der Herzog Johann Ernst „in seiner Frau

Mutter fürstlichem Gemach über der Hoffstuben am
Frauenzimmer gelegen", ein, zugleich der Kanzlar
D. Wolfgang Spelt, die Hofräthe Hans Melchior v.
Wittern auf Wundersleben, Friedrich v. Kospoth auf
Seibtendorf, D. Samuel Göckhausen und D. Lauren-
tius Braun nebst den Notaren Johannes Evander,
Henricus Thürsch und Johann Höckner. Dorothea
Maria stand „oben der Tafel, zur Seite ihre übrigen
Söhne" Friedrich, Wilhelm, Albrecht, Johann Fried=
rich, Ernst, Friedrich Wilhelm und Bernhard, ihr
Hofmeister Caspar von Miltitz und D. Friedrich Hort=
leber. Herzog Johann Ernst sprach: „Es ist an Euch
mein gnediges gesinnen, Ihr wollet insonderheit hier=
bei in gute und fleißige Acht nehmen, daß bei dieser
Quittungsnotul man nicht sowohl uf Dero bloße
wordt oder laut, als vielmehr uf alles Dasjenige,
was deßhalben vorhergegangen, erklert, traktiret und
gehandelt worden, auch denn beschriebenen Rechten,
dann der Billigkeit, dem Herkommen und gewohn=
heiten gemeß, gesehen werden müsse." Nun ließ er
durch Friedrich Hortleber das Requisitionsschreiben
nebst allen Beilagen, welche die wichtigsten Theile
der ergangenen Korrespondenz enthielten, und die An=
wesenden über den ganzen Verhandlungsgang, über
den Sinn, den man in Weimar der Quittung bei=
maß und über die Motive, welche zur Unterzeich=
nung leiteten, sowie über den Zweck des vorseyenden
Akts näher unterrichten sollten, wörtlich vorlesen. Am
Schlusse dieses Requisitionsschreibens hieß es: „Wie

wohl nun daraus" (aus dem Vorhergegangenen) „un=
felbar zu befinden, inn was verstande, vertrauen,
zuversicht und erklerung unser gnedige geliebte Frau
Mutter an unsere Statt und in unserm Namen mit
der Quittung zufrieden und dieselbe den Rechten und
aller billigkeit gemeß befunden und das des Herrn
Churfürsten Gnaden unsre Frau Mutter und uns bei
solcher Erklerung, Auslegung und verstandt 2c. ge=
lassen, solches nicht widersprochen sondern acceptirt
und gern vernommen, auch darauf die vollziehung
begeret und erwartet, Also, das J. J. F. F. Gn. Gn.
beiderseits einträchtiger Meinung seyndt, das die No=
tull dergestalt den Rechten und aller billigkeit gemäß,
wann sie nicht nach den bloßen wortten, sondern nach
unser gnedigen Frau Mutter Erklerung, Maß und
beding ausgelegt und verstanden und weder dem Tertio ein Recht dadurch gegeben noch uns und unsren
geliebten Brüdern an Unseren hohen Gerechtigkeiten
und in die Vormundschaft eigentlich nicht gehörigen
sachen, zustehenden Befugnissen, Herrlichkeiten, Digni=
täten, freiem Fürstenstande und libertet und andern
wichtigen Rechten etwas entzogen, geschmälert, prä=
judicirt und benachtheiliget werde, Immassen wir auch
sonsten uns zur volziehung nicht erbotten hätten 2c.
so bezeugen wir hiermit bei fürstlicher Ehre, wahren
wortten und guten glauben, gegen anwesende 2c.
männiglich, das wir die Quittungsnotull anderer ge=
stalt und in anderem Verstande nicht, dann
wie es unsre gnedige Frau Mutter uf und

mit unserem wissen und einwilligung er=
kleret, ausgelegt und von sich geschrieben, verstehen
und aufnehmen" u. s. w. u. s. w.

Als diese Vorlesung erfolgt war, ergriff Johann
Ernst die auf der Tafel vor ihm liegende mundirte
Quittungsnotull, ließ sie durch D. Evander besiegeln
und vollzog sie.

Am Abend desselben Tages fanden sich denn
nun auch die churfürstlichen Kommissarien in der
Person des Grafen Philipp Ernst zu Mannsfeld,
Hauptmann zu Leipzig und Eilenburg, Johann Ernst
v. Haugwitz, Domprobst zu Meißen, Gottfried v.
Wolffersdorf zu Markersdorf und Johannes Ti=
maeus, Appellationsrath und Kanzlar zu Zeiz, aus=
gestattet mit churfürstlichen Kreditivschreiben an Do=
rothea Maria und Johann Ernst, in Weimar ein.

Schon andern Tags (29. Oktober) früh 7 Uhr
warteten sie der Herzogin=Witwe, bei welcher der
Hofmeister Caspar v. Miltitz und D. Paul Prückner
anwesend waren, und sobann dem Herzog Johann
Ernst im Beisein des Kanzlars und der Räthe auf.
Den Sprecher im Namen der churfürstlichen Kom=
missarien machte bei beiden Audienzen D. Timaeus.
Darauf gingen beide Theile zur Frühkirche. Am
Nachmittage desselben Tages wurde die den churfürst=
lichen Kommissarien zur Pflicht gemachte förmliche
Kollationirung vorgenommen und Tags darauf (30.
Oktober) sollte nun der Haupt=Akt erfolgen. Im
Beisein der vorhin genannten drei Notare erklärte

Johann Ernst nunmehr auch den churfürstlichen Kom=
miſſarien: „Wenn dann des Herrn Churfürſten Gna=
ben ſich allezeit erkleret, daß ſie nichts anderes be=
gerten, dan daß dieſelben und ihre Nachkommen ge=
nugſamb quittiret und vor allen Anſprüchen geſichert
ſeyn möchten, ſo habe er ſich in ſchuldiger Dankbar=
keit bequemet, die begerte Quittung in dem Ver=
ſtande, wie ſie ſeine gnedige Frau Mutter
erkleret und der Churfürſt ſie acceptirt und darüber
nichts weiter begeret, volzogen.“ Die churfürſtlichen
Kommiſſarien erwiederten: „ſie erinnerten ſich ihrer
Inſtruktion, darinnen gemeldet, daß die Frau Her=
zogin eine certam formam zugeſchicket und Johann
Ernſt ſich erboten, dieſe zu vollziehen. Da nun ſol=
ches alſo erfolgete, ſo ſollten ſie auch die Reſignation
und was derſelben anhengigt, zu werk ſtellen.“ Jo=
hann Ernſt nahm wieder das Wort: „er wiſſe ſich
zu erinnern, was ſeine Frau Mutter an des Chur=
fürſten Gnaden geſchrieben, und erklere daher noch=
mals, daß er in ſolcher Meinung und keinem
andern Verſtande die Quittung vollzogen.“ Dar=
auf wieder die Kommiſſarien: „ſie müßten bei ihrer
Inſtruktion verbleiben, darinnen ihnen certi fines
vorgeſchrieben und habe der Churfürſt ihnen ſonder=
lich bevohlen, darüber keinen disputat zu erregen,
ſondern bei der Quittung zu verbleiben.“

Nach ſolchen Reden und Gegenreden, die wie
zwei parallele Kreiſe nie eine gegenſeitige Annäherung
hoffen ließen, erfolgte gleichwol das, was die Haupt=

sache war und was schließlich wol auch beide
Theile wollten: der feierliche Akt der Quittirung
der Vormundschaft von Seiten des Mündels und der
Resignation von Seiten des Vormundes im großen
Schloßsaale zu Weimar. „Darauf", so schließt das
offizielle Protokoll, „ists zur Tafel gangen, bei der
sich die Herren Kommissarien fröhlich und guts Ge=
sprechs erzeigt haben, bis ufn Abend wohl angehalten
und alle gute Räusch darvon bracht."

Nachdem am folgenden Morgen der Hof und die
Kommissarien wiederum die Predigt in der Schloß=
kirche (über den 20. Psalm) angehört, „sind die letz=
teren — jeder allein in einer Gutschen — davon ge=
fahren. Nur der von Wolffersdorf ist noch den andern
Tagk bis um 4 Abends geblieben und lustig gewesen."

Die Freude über das Ende der Vormundschaft
war groß. D. Laurentius Braun gab ihr, schon als
er von dem Bevorstehen des Resignations=Aktes hörte,
in einem Briefe an den jungen Regenten folgenden
Ausdruck: „Gott sei Lob und Dank und Preis und
freue sich der ganze Hofstand, das ganze Land, jung
und alt, Laut und groß, Ufn 30 dieses (den 31
ejusd. sind Ew. Fürstl. Gnaden geliebter Herr Va=
ter von dieser Welt geschieden und das elend neben
der Vormundschaft sich vor 10 Jharen angefangen)
soll die Vormundschaft ufhören und die Freude an=
gehen, daß diese Lande wieder einen eigenen Regen=
ten und Landesfürsten sollen agnosciren und veneriren
können!"

16

XIII.

Die letzten Lebensjahre.

So hatte denn die treue fürsorgende Mutter noch das Glück, ihren ältesten Sohn auf dem Throne seiner Väter in dem Wirken zu sehen, zu welchem sie ihn so sorgfältig hatte vorbilden lassen. Ihr eigenes Leben war nun ein stilleres geworden, getheilt zwischen religiösen Betrachtungen, wissenschaftlichen Beschäftigungen, thätiger Fürsorge für allgemeine Interessen und der Verwaltung ihres Leibgedinges.

Ihre Frömmigkeit war, weit entfernt von unklarer und ebendarum meist fruchtloser Gefühlsschwärmerei, vielmehr die Mutter wahrer Thatkraft und wahrer Menschenliebe. Täglich Morgens, Mittags und Abends betete sie, „in ihr Stüblein verschlossen." Die Bibel las sie fleißig, neben Luthers Schriften und anderen Andachtsbüchern. Alle Vierteljahre nahm sie das Abendmahl, „beichtete gar andächtig," und litt dabei nicht, daß sie bei ihrem fürstlichen Titel genannt wurde, sondern der Geistliche mußte (wie er selbst erzählt) mit ihr aus Gottes Wort „wie sonst mit einem bußfertigen Sünder" reden. Daneben aber arbeitete in zartem Körper ihr

starker Geist in rastloser Thätigkeit, theils auf wis=
senschaftliche, theils auf praktische Ziele gerichtet.

Mit besonderer Vorliebe hatte sie ihr Nachden=
ken von jeher dem Unterrichte der Jugend zugewen=
det. Nicht nur, daß sie ihren Söhnen treffliche Leh=
rer gab, nicht nur daß sie auch den Landesschulen
ihre Aufmerksamkeit in der Weise widmete, wie eine
vom besten Willen beseelte, immerhin aber außerhalb
des Lehrberufs selbst stehende Frau in der Regel sie
widmen mag; ihr eindringender Geist, der überall
nach eigenem selbstständigem Urtheile verlangte, blieb
hierbei nicht stehen, sondern wandte sich mit lebhaf=
ter Theilnahme selbst der Prüfung des Werths der
herrschenden Unterrichtsmethode und den reformato=
rischen Bewegungen zu, die auf diesem Felde in den
letzten Lebensjahren der Herzogin durch den bekann=
ten Wolfgang Ratich hervorgerufen wurden.

Wie die damals herrschende Unterrichtsmethode
beschaffen war, wie sie bei manchem Guten, das man
heute noch zurückwünschen möchte, doch an dem gro=
ßen Uebelstande litt, daß sie leicht zu einer Erdrück=
ung des Geistes durch Ueberlastung mit Gedächtniß=
kram anstatt einer Uebung und Stärkung desselben
zur Urtheils=Thätigkeit führen konnte, wird aus den
vorangegangenen Mittheilungen über den Unterricht
der Prinzen schon hervorgeleuchtet haben. Die Ge=
fahren, die da, wo ein Hortleber die Seele des Un=
terrichts war, in Schranken gehalten werden moch=
ten, waren in den, von minder ausgezeichneten,

16*

großentheils wol sehr mittelmäßigen, ja ungenügen=
den Männern geleiteten Landesschulen gewiß sehr dro=
hender Art. Dazu kam der mangelhafte Schulbesuch.
Dies Alles scheint der Herzogin klar vor Augen ge=
standen zu haben. „Es lag,“ erzählt ein Zeitgenosse,
der ihr nahe stand, „der frommen Fürstin hart an,
welches ich oft von Jhro Fürstl. Gnaden gehöret
habe: vors Erste daß so viel junges Volk, sonderlich
arme Kinder in Städten und Dörfern bei Tausenden
dahin gehen und nichts lernen, weder lesen noch
schreiben, viel weniger etwas in Gottes Wort und
vom Grund ihres Glaubens. Denn ob man gleich
sagen wollte: warumb gehen sie nicht in die Schule?
so ist es doch gewiß, daß auch die meisten, die gleich
hineingehen, viel Jahre zubringen und lernens doch
nicht: Daher etliche des thuns überdrüssig werden
und bleiben gar draußen, andere ergern sich daran,
und gehen gar nicht hinein, ist auch nicht jedes
Hausvaters Gelegenheit, daß er sein Kind könne ein
Jahrer sechs oder sieben nur umb des deutschen Le=
sens und schreibens willen lassen in die Schule ge=
hen. Item vors andere, daß auch sonst diejenigen,
welche gleich in den Schulen nach der alten Weise
mit Fleiß instituiret werden, dennoch meistentheils ja
so gar langsam in den Sprachen zu bringen und doch
mit ihrer Wissenschaft und Erfahrung darinnen noch
mittelmäßig Ding ist, in den freien Künsten aber
hernach, in der Philosophia nemlich, wie auch in
den höheren Fakultäten, gar wenig studiren können,

weil die beste Zeit der Jahre alle weg ist, und den=
noch allezeit derer wenig sind, die was rechtschaffenes
ausrichten und prästiren können, obgleich der Name
der Gelehrten sonst vielen gemein ist, daß sie alle
gelehret heißen. Diß Alles kann ja niemand leug=
nen, und muß ich sagen, daß es Ihrer Fürstl. Gna=
den für und für sehr zu Herzen gangen ist."

Mit lebhaftem Interesse begrüßte und verfolgte
daher Dorothea Maria Ratichs reformatorischen
Plan. Das Ziel dieses letztern — bereits erschö=
pfender, als in der Aufgabe dieser Biographie liegen
kann, von Anderen geschildert — ging dahin, den
jugendlichen Geist von dem Drucke der zeitherigen
Methode zu befreien und sich in Heiterkeit und
Freiheit selbst entwickeln zu lassen. Zu diesem
Zwecke sollte einerseits die jugendliche Kraft zeitwei=
lig immer nur auf einen Gegenstand concentrirt und
dieser andererseits nicht durch häusliche Gedächtniß=
anstrengung, sondern durch Uebung in der Schule
selbst und durch einen veranschaulichenden Unterricht,
der ihn ganz lebendig in der Vorstellung des Schü=
lers werden ließ, vollständig erfaßt und bemeistert
werden, ehe dem Schüler überlassen ward, sich al=
lein und selbstständig an ihm zu üben. Es galt
dies namentlich auch von dem Sprachunterricht, in
welchem die Regeln der Grammatik der lebendigen
Erlernung der Sprache nachfolgen, nicht vorausge=
hen sollten, und in welchem mit der regelmäßigen Er=
lernung der Muttersprache der Anfang gemacht wurde,

worauf dann zunächst die Hebräische (bezüglich Chal=
däische, Syrische, Arabische), sodann erst die Grie=
chische und zuletzt die lateinische Sprache an die Reihe
kamen. Auch die todten Sprachen sollten nach Art
der lebenden erlernt, beim Unterricht wie lebende be=
handelt werden.

Nachdem Ratich 1613 der Herzogin, die ihn zu
diesem Zwecke nach Weimar eingeladen, in einem
Vortrage seine Methode entwickelt und viel Anklang
bei ihr wie bei den gewiegten Männern ihrer Um=
gebung gefunden hatte, verfolgte Dorothea Maria
die neue Unterrichtsmethode mit lebhaftem Interesse,
ließ sie durch verschiedene Gelehrte in Jena und Gie=
ßen prüfen, darauf, nachdem sie günstig beurtheilt
worden war, durch akademische Lehrer in Jena und
Schullehrer in Weimar erlernen, um sie zunächst
auch an diesen beiden Orten und von da aus immer
weiter im Lande zu verbreiten, ließ ihre jüngeren
Söhne selbst darnach unterrichten, ja sie fing mit ih=
rer oft und lange bei ihr lebenden Schwester Anna
Sophia (später vermählten Gräfin von Schwarzburg=
Rudolstadt) selbst an, bei Ratich nach seiner Me=
thode — später bei Balthasar Walther in Jena und
dem Hofprediger Kromayer in Weimar — die He=
bräische Sprache zu erlernen, in der sie es zu einer
ganz ansehnlichen Fertigkeit gebracht haben soll.

Trat auch bald, wie überall und immer gegen
stürmisch vordringende und darum meistens sich über=
stürzende Neuerungen, so gegen Ratichs Methode

auch in Weimar eine Reaktion wieder auf, welche
die Einführung jener nicht zu dem anfänglich beabsich=
tigten und erstrebten Umfange gelangen ließ, immerhin
blieb ihre Erscheinung ein bedeutendes und wirksames
Moment in der Verbesserung der damaligen Unterrichts=
methode, eine fruchtreiche Anregung zur Hebung der
Schulen, um welche Dorothea Maria's ernster Eifer
den wärmsten Dank sich verdiente.   Daneben war
ihre milde Hand stets da geöffnet, wo Hülfe noth
that, namentlich den ärmeren Kirchen des Landes —
die zu Reinhardtsbrunn und Königsbergk erbaute sie
selbst —, armen Lehrern und Schülern, den Dürf=
tigen insgesammt.   Wöchentlich ließ sie Zeilbrot
backen und unter die Ortsarmen (Dienstag und Frei=
tags) vertheilen, und hielt auf eigene Kosten eine
Apotheke, aus der sie armen Kranken unentgeltlich
Heilmittel darbot.   Und damit sie diesem thatkräfti=
gen Edelsinne immer die möglichste Befriedigung ge=
währen konnte, ließ sie in ihrem Hofhalte und in der
Erziehung ihrer Kinder soweit, als es mit der lan=
desfürstlichen Würde sich vertragen mochte, die größte
Sparsamkeit vorwalten und war selbst eine sorg=
fältige und wirthschaftliche, ächt deutsche Hausfrau.
Unter ihren Dienerinnen hielt sie solche Ordnung,
daß, wie ein Zeitgenosse sagt, ihr Dienst „für eine
Schul der Gottesfurcht, Tugend, Zucht, Embsigkeit,
Geschicklichkeit in häußlicher Nahrung geachtet wurde.
Sie hatte Rein= und Zierlichkeit lieb, und wie sie,
als eine löbliche Hausmutter, nicht müßig gangen,

sondern entweder mit ihren hausmütterlichen oder
ihrem Stande angemessenen Arbeiten bemühet gewesen und ehe unterwegs, wenn sie in den Lustgärten
spatziren gangen oder in der Senste sich über Feld
tragen lassen, etwas umb Hand gehabt: also hat man
auch in Dero Fürstlichem Haus= und Frauenzimmer
keine Unordnung, Unsauberkeit, müssige Hände, sondern ordentliches Wesen, Reinlichkeit, Nehen, Klep-
peln, Stricken, Sticken, Spinnen, und was man
zur Zubereitung, Erhaltung und Säuberung des
Fürstlichen Zier= und Vorraths, so unter weibliche
Schlüssel und Verwaltung gehöret, mehr vor Arbeit
bedurft, vollauf und die Menge funden. In Summa, es ist in Ihro Fürstl. Gnaden Hauß= und Hofhaltung Alles in guter Ordnung, richtig, räthlich,
stille und eingezogen und darbei gleichwol fürstlich,
ansehnlich und mildiglich zugangen."

Ihre Mitgift und das Widerlagsgeld, zusammen dreißig Tausend Thaler, war — wie schon erwähnt — bei Eingehung der Ehe auf Schloß und
Amt Eisenberg versichert, d. h. alle herrschaftlichen
Revenüen dieses Amts und alle darin gelegenen Be-
sitzungen des Fürstlichen Hauses waren für jene Ka-
pitalforderung verpfändet, dergestalt, daß nach
dem Tode des Herzogs Johann seiner Witwe —
gleichsam als Zins des fraglichen Kapitals — der
Ertrag des Amts Eisenberg, mindestens aber drei
Tausend Gülden jährlich, zufließen sollten. Außerdem
jährlich vier hundert Thaler aus der Kammerkasse.

Als aber in Folge der Landestheilung von 1603 das Amt Eisenberg auf den Altenburgischen Theil fiel, regten die Brüder Dorothea Maria's die Uebertragung ihres Leibgedinges auf ein anderes, zum Weimarischen Landestheil gehöriges, Amt an; Herzog Johann ging bereitwilligst darauf ein und in Uebereinstimmung mit den hierzu nach Weimar committirten anhaltischen Räthen Ernst von Kötschau und Jeremias Keller wurde am 29. Mai 1605 eine neue Leibgedings- und Witthumsverschreibung vereinbart, in welcher die Herzogin anstatt des Amts Eisenberg die Nutzung 1) „des Fürstlichen Hauses zu Weimar mit daran stoßendem Lustgarten, wie solches die Herzogin Dorothea Susanna erbauet, 2) des Guts Oberweimar nebst dem dazu erkauften Vorwerke, das Burghardtsgut genannt, und den dazu gehörigen Dörfern Oberweimar, Ehringsdorf und Umpferstedt, 3) Viertausend Gülden jährlicher Rente aus der Rentkammer und 4) eine Reihe von Naturalien an Landwein, Wildpret, Fischen, Bier und Brennholz zugesichert erhielt. Die Unterthanen dieser Ortschaften wurden für Dorothea Maria als ihrer nunmehrigen bezugsberechtigten Herrin nach Sitte damaliger Rechts- und Wirthschaftsgewohnheit in förmliche und unmittelbare „Wibbumbspflicht" genommen, durch welche sie gelobten, „Ihr mit Reichung und Leistung schuldiger Dienst, Frohnen, Renten, Pachten und nutzungen gewertig und gehorsam seyn, Ihro Fürstl. Gnaden schaden warnen, bestes werben und sonsten

Alles thun zu wollen, was gehorsamen und getreuen
Unterthanen gegen ihre von Gott vorgesetzte Obrig-
keit wol anstehet."

Dies unmittelbare Nutzungs- und Herrschafts-
verhältniß zu Oberweymar führte die Herzogin-Witwe
natürlich oft dahin und legte ihr, obwohl sie dort
selbst einen Administrator in der Person Johann Ca-
pella's unterhielt, eine häufige Korrespondenz mit
demselben auf, die sich nicht blos auf die wichtige-
ren Wirthschaftsvorkommnisse, sondern selbst auf
die kleinsten Dinge erstreckte. Da handelte es sich
nicht blos um Reparaturbauten, Pachtverträge, neue
Wein- und Hopfenkulturen, sondern auch um Handha-
bung der Disciplin gegen trunkene Mägde und Knechte,
die einander mit Messern gestochen, und von denen
letztere im Landknechtshaus an die Kette geschlossen
wurden, während wegen der Bestrafung der ersteren
das Spruchkollegium zu Jena erst befragt ward, —
da handelte es sich auch um die Mast und den Ver-
kauf von Schweinen, um den Lohn des Schäfers,
um die Beköstigung der Süßenbörner Zinsleute und
mehr dergleichen Einzelnheiten, die nur der Selbst-
bewirthschafter eines Guts zu ordnen pflegt, die aber
jedenfalls sehr dazu dienten, die Fürstliche Frau in
das Leben auch derjenigen Klassen einblicken zu lassen, die sonst dem Throne ferner stehen.

So ritt Dorothea Maria auch am 30. Juni
1617 nach Oberweimar, und zwar — zum letzten
Male. Als sie — so erzählt den Vorgang ihr Hof-

prediger Kromayer und später der Annalist Müller
— „wieder zurück nach Weimar sich begeben will
und an der sogenannten kalten Küche an der Ilme
vorbeikommt, vermeinet sie, es sitze ein Bettelmann
oder eine Bettelfrau am Wasser und greift eben
nach dem Beutel, um ein Almosen zu reichen. Da
wird das Pferd, wie vor einem Gegenstande, scheu,
kehrt sich um, und weil es wegen der stracks hinten
nachfolgenden andern reitenden Personen nicht wohl
zurück kann, wendet sichs wiederum zurück und stürzt
auf einmal in den Ilmenfluß, die Fürstin aber schwimmt
in die 50 Schritte lang bei an sich gehaltenem Odem
fort, ehe sie durch die Ihrigen, die nach ihr ins
Wasser springen, errettet wird." Den vermeynten
Bettler hat man nachgehends weiter nicht gesehen.
Die abergläubische Zeit, selbst noch der 100 Jahre
später lebende Annalist, machte aus ihm ein Ge-
spenst, während es näher lag, zu vermuthen, daß
ein Bettler, wenn er solch ein, durch sein Auftreten
angerichtetes, Unheil sieht, sich unbemerkt von dem
mit Rettung der Fürstin beschäftigten Gefolge schleunigst wieder entfernt habe. So viel steht fest, daß
dieser Zufall dem Leben der ohnehin zarten und leidenden Fürstin ein früheres Ziel setzte. Die ersten
Tage nach dem Unfalle zwar, selbst bis etwa den
zwölften Tag, empfand sie keine üblen Folgen, sondern beruhigte im Gegentheil ihre Söhne durch die
Versicherung, daß sie keinen Schaden genommen zu
haben glaube. Doch beschleunigte sie die eigentlich

für später anberaumte öffentliche Kommunion mit
ihren Söhnen in der Stadtkirche. Am zwölften Tage
nach dem Unfall traten plötzlich Ohnmachten ein und
sofort spricht Dorothea Maria mit Bestimmtheit von
ihrem nahen Ende. Da diese Zufälle sich wiederho-
len, läßt sie ihren Beichtvater rufen und legt ihm
in Gegenwart der Söhne ausführlich ihr Glaubens-
bekenntniß ab. Unter wechselnden Angst- und Ruhe-
stunden sieht Dorothea Maria ihr Ende nahen und
wenn sie auf den Kreis ihrer Söhne blickt, fehlen
zwei — Friedrich und Wilhelm, der künftige Stammvater des Weimarischen Hauses, die am 23. Mai
eine Reise unternommen hatten, um „eine und andere vornehme Städte im Reiche und denen Nieder-
landen zu besehen." Sie bleiben über die bestimmte
Zeit aus und mit Sehnsucht werden sie erwartet.
Am 18. Juli sind die Kräfte der Mutter schon so er-
schöpft, daß ihr Ende mit raschem Schritt heran-
nahet. Da tritt (Nachmittags 3 Uhr) der älteste der
Söhne, Herzog Johann Ernst, ans Fenster, um zu
sehen, ob sie nicht kommen, und siehe, so eben fahren
sie über die Hinterbrücke dem Schlosse zu, und Johann Ernst will ihnen zurufen. Da verwandelt sich
sein Willkommen in einen Schreckensausdruck, denn
plötzlich fällt das eine der drei neben einander ge-
spannten Pferde auf der einen Seite der Zugbrücke,
weil der Schlag von ohngefähr nicht vorgelegt war,
hinunter in den Fluß! „Aber durch Gottes sonder-
bare Fügung reissen Ketten, Stricke, Riemen und

alles Andere, daran das Pferd befestigt ist, entzwei,
so daß die Prinzen mit den beiden andern Pferden
unversehrt und unaufgehalten ins Schloß fahren
können," an das Sterbebett der theuren Mutter. Sie
war noch im Stande, ihnen die Hand reichen und
sagen zu können: „Ich erfreue mich, daß ich euch
frisch und gesund wiederum sehe." „Nach einer klei=
nen Weile" — erzählt der Annalist — „da sie in=
zwischen etwas still gelegen, hat man selbige gefragt,
ob sie ihren beeden Herren Söhnen, welche jetzo aus
der Fremde kommen wären und noch da vor dem
Bette stünden, noch etwas befehlen wolle: hat die=
selbe wegen großer Mattigkeit ein mehreres nicht re=
den können als: „Wenn Fritz sich fürstlich hält, so
wird er wohl bleiben." Und da man gegen die
Fürstin noch einmal gesagt, daß auch der andere,
Prinz Wilhelm, noch da stünde, hat sich dieselbe noch
einst ermuntert, sagende: „Wilhelm wirds auch wohl
machen."" Mit den letzten Worten „Gott, ich be=
fehle Dir Alles" ist sie in Gegenwart der Söhne,
der Räthe, Vieler von Adel und anderer Männer und
Frauen, welche ab= und zugingen, vier Stunden später,
unter herzlichem Gebet ihrer selbst und der Anwesenden,
die zuletzt alle vor ihrem Lager knieeten, ein Viertel
nach 7 Uhr Abends schmerzlos und sanft entschlafen.

Am 5. August ward sie in der Stadtkirche zu
Weimar unter dem Ehrengeleite von Fürsten und
Gesandten „mit churfürstlichen Ceremonien" beigesetzt,
an der Seite ihres Gemahls.

Tiefe Trauer herrschte im ganzen Lande. Hören wir die klagenden Stimmen der Zeitgenossen.

„Wie Ihro Fürstl. Gnaden richtig gewandelt haben gegen Gott in der Lehre, also auch gegen den Nächsten im Leben. Ihre Fürstlichen Herren Söhne hat sie mit rechter mütterlicher Trew gemeinet, hertzlich vor dieselben gesorget, Ihnen das Ihre trewlich zu Rath gehalten: Vor ihre Unterthanen landesmütterliche Sorge getragen: in Kleidung sich so demüthig gehalten, daß man Ihro Fürstliche Gnaden, wer dieselbe nicht gekannt, mehr für eine bürgerliche als fürstliche Person angesehen. Da war ein aufrichtiges Herz, ein fürstlicher Wandel, ein wahrhaftiger Mund; wer Ihro Fürstlichen Gnaden nicht aufrichtig und redlich unter Augen ginge, der hatte es bald bei derselben verderbet.“

„Die Fürstlichen Räthe und Diener haben nicht nur eine fromme Fürstin und Gnedige Frau, sondern eine hochverständige sorgfeltige Landesmutter verloren. Dem ganzen Lande dieses Fürstenthums und allen getreuen Unterthanen ist eine starke Mauer und gewaltige Säule umbgeschlagen, darauf sie sich bishero durch Gottes Gnade haben lehnen und Trost und Hülfe finden können. Das Predigtamt und der ganze geistliche Stand allhier haben den Baum, darunter sie bishero Schatten gefunden, und eine fleißige Pflegerin gen Himmel folgen lassen müssen. O des traurigen Tags, o der betrübten Stunde!“

„Sie war eines hohen Verstandes, weise und sinn=
reich in Rathschlägen, also daß sie deswegen weit und
breit berühmt war. Darzu hatte ihr Gott einen herzhaf=
tigen beständigen Muth nebenst sonderlicher Berathsam=
keit verliehen, daß sie bei großer Widerwärtigkeit und
vielem Unglück meistentheils unverzagt gewesen, und
vielmehr Andere hat trösten können, die sie trösten
sollen oder wollen. Das war gar was sonderliches"
— sagt ihr Hofprediger Kromayer — „wie ich selbst
bezeugen muß: Das war fürwar eine Anzeigung des
inwohnenden heiligen Geistes: denn sie hat nicht siche=
rer Weise etwa ein Ding in die Schanze geschlagen,
nein, sondern ist in und bei allen Unfällen, Difficul=
teten und Widerwertigkeiten immer bedachtsam, hertz=
haftig und unverzagt blieben, und fast stets die Wort
gebraucht: „Gott wirds wohl machen; nun, Gott
wirds wohl machen, wenns Zeit ist; ich verlasse mich
auf ein stark Gebet." Das ist ein recht gläubiges,
christliches Hertze gewesen, voller Gebuld, Hoffnung
und Liebe zu Gott, voll Trostes, voll gutes Vor=
satzes, voll des heiligen Geistes."

Dank, Liebe und Verehrung folgten ihr und ga=
ben sich auf die verschiedenste Weise kund zum Zeug=
niß Dessen, was sie im Leben war und wirkte und
was sie durch ihr Testament noch über die Grenzen
ihres Lebens hinaus zu seyn und zu wirken suchte.

Schon am 6. März 1606 hatte sie in ihrem Ge=
mach, „im Erkerstüblein neben dem Frauenzimmer", in
Gegenwart ihres damaligen Hofmeisters Dietrich von

Friesen sowie des Kanzlars und der Räthe dem kai=
serlichen Notar D. Evander ein Testament übergeben
und die Anwesenden aufgefordert, Zeugen und Voll=
strecker desselben zu sein. Später hatte sie dasselbe
gegen ein zweites ausgetauscht, das vom Donnerstag
nach Michaelis 1611 datirt war und nach ihrem
Tode eröffnet und vollzogen wurde. In ihm ver=
zeiht sie zunächst, „damit sie als eine wahre Christin
sterben und von hinnen scheiden möge, von Grund
ihres Herzens allen Menschen, die ihr Leides und
Uebels gethan und mit Worten oder Werken in we=
nigem oder vielem jemals zuwider gewesen, und bit=
tet um Christi willen, wo auch sie Jemandes erzür=
net, ihr dasselbe gleichergestalt christlich zu vergeben“;
dankt „allen hohen und niederen Standes=Perfohnen,
so ihr und ihren geliebten Kindern Freundschaft,
Liebe, Treue und Guts erzeigt und bewiesen, zuvör=
derst ihrer Mutter, der Landgräfin Eleonore, von
der, nächst Gott, sie das Leben sammt vielen an=
dern mütterlichen und großen Wohlthaten empfangen
habe; bekennet unbeirrt in dem Glauben der unge=
änderten Augsburgischen Konfession und des christ=
lichen Concordienbuches zu sterben; ordnet an, daß
ihr Leichnam an der Seite ihres Gemahls niederge=
setzet und ein Grabstein errichtet werde, und verfügt
sodann über eine Reihe von Vermächtnissen, die heute
noch Seegen verbreiten und beweisen, wie die Stät=
ten der Erziehung und Bildung der Hauptgegenstand
ihrer Fürsorge war. Sie stiftet Legate, deren Zinsen

theils „armen nothbürftigen Schülern in der Stadt-
schule hier, besonders aber denen, so sich zur Musica
halten und in der Schloßkirchen aufwarten oder doch
sonsten ihrer Gottesfurcht und Fleißes in studiren
von ihren praeceptoribus ein gutes Zeugniß haben,"
theils armen Witwen und Waisen hier und in Oberweimar, theils den armen Leuten hier, zu Oberweimar und Aspach, theils den Kirchen und Schulen zu
Oberweimar, Ehringsdorf und Umpferstedt zufließen
sollen. Die Hauptspende aber war der Universität Jena gewidmet, die „bisher nicht unbillig vor
ein Kleinod dieses Landes gehalten, auf welcher durch
Gottes Gnade zu Kirchen und Schulen und Polizei
viel nützliche Leute erzogen würden, für welche sie
daher treuherzige mütterliche Vorsorge hege, daß sie
in gutem Flore erhalten, gebessert und fortgepflanzet
werde und welcher sie auch jetzt nicht vergessen, sondern ihre fürstliche Affection und gnediges Wohlmeinen erweisen wolle." Es sei ihres seel. Gemahls
Absicht gewesen, die heimfallenden Lehen hauptsächlich
der Universität zuzuwenden, und seine Söhne möchten dessen sich erinnern und es ausführen. Damit
aber schon eher etwas geschehe, vermachte sie der
Universität ein Kapital von 20,000 fl. und ermahnte
die Prinzen mütterlich, „ihnen diese Universität, Gott,
seiner christlichen Kirche und guten Künsten zu Ehren
und Beförderung, befohlen seyn und dieselbe in keinerlei Weg aus Handen zu lassen, sondern sie rühm-
lich zu erhalten und uff ihre Nachkommen zu bringen."

17

Zu ihren Erben setzte sie ihre Söhne zu völlig
gleichen Theilen ein. Sie legte ihnen ans Herz, „wie
in ihren kindlichen Tagen zuvörderst Gott und sein
Wort sammt dem lieben Gebeth fleißig in Acht zu
nehmen und von der von ihren Eltern bekannten reinen Religion um keiner zeitlichen Wohlfahrt oder
Vermeidung Unglücks willen beym wenigsten abzu-
weichen, sondern in die löblichen Fußtapfen ihrer
lieben Vorfahren zu treten und sich unter einander
brüderlich und wohl zu vertragen; keiner solle sich
über den andern erheben, die jüngeren sollten den
älteren folgen und diese wiederum, zumal in Berath-
schlagung und Verrichtung gemeinsamer Angelegenheiten, die jüngeren nicht hintansetzen, Alle aber sich
christlicher und fürstlicher Tugend befleißigen, die
treuen Diener und Räthe ehren und in Allem dieser
mütterlichen Vermahnung folgen."

An den Churfürsten, der damals (1611) noch die
Vormundschaft führte, richtete sie die Bitte, ihr die
letzte Freundschaft dadurch zu erzeigen, daß er diejе-
nigen ihrer Söhne, die noch nicht auf Universität
oder Reisen zu schicken seien, zusammen in Weimar
erziehen lasse, „damit Einer des Andern gewöhnet werde," und daß er ihnen die zeitherigen
von ihr gewählten Lehrer und Erzieher belasse.

Diese und die Räthe ermahnte sie zu fortgesetzter
treuer Pflichterfüllung, die Söhne aber, sich vor anderen als solchen christlichen, treuen und friedlieben-
den Dienern sorgsam zu hüthen. Sie war der frohen

Zuverſicht, daß jeder ihrer Söhne ihren letzten Willen ehren und befolgen und der im vierten Gebote ihnen verheißene Seegen nicht ausbleiben werde, und nach= dem ſie in ihren letzten Worten ihnen nochmals aus treuem mütterlichen Herzen alle zeitliche und ewige Wohlfahrt gewünschet, empfahl ſie ihre Seele in die Hand ihres Erlöſers, Heylandes und Seeligmachers Jeſu Chriſti, Amen!